올인원
공부법

나 ______________ 는

오늘부터 고대생 언니와 함께

매일을 변화시키며

최선을 다할 것입니다.

_________ 년 _____ 월 _____ 일

너의 기적을 응원해!

바꾸고 싶은 나의 모습을 쓰고 그려봅시다

1. ______________________________

2. ______________________________

3. ______________________________

내가 꿈꾸는 나의 모습을 쓰고 그려봅시다

1. ______________________________

2. ______________________________

3. ______________________________

올인원 공부법

초 판 1쇄 2023년 07월 20일

지은이 김채연
펴낸이 류종렬

펴낸곳 미다스북스
본부장 임종익
편집장 이다경
책임진행 김가영, 신은서, 박유진, 윤가희, 정보미
일러스트 © 해피마일즈

등록 2001년 3월 21일 제2001-000040호
주소 서울시 마포구 양화로 133 서교타워 711호
전화 02) 322-7802~3
팩스 02) 6007-1845
블로그 http://blog.naver.com/midasbooks
전자주소 midasbooks@hanmail.net
페이스북 https://www.facebook.com/midasbooks425
인스타그램 https://www.instagram/midasbooks

ISBN 979-11-6910-284-1 03190

값 20,000원

미다스북스는 다음세대에게 필요한 지혜와 교양을 생각합니다.

All in ONE
올인원 공부법

김채연 지음

전교 1등
고대생 언니가 알려주는
기적의 공부 루틴

미다스북스

고대생 언니를 만나 기적을 향해 가는 학생들의 이야기

고대생님이 주신 공부법 자료 덕분에 이번에 성적이 진짜 중고등학교 통틀어서 최고로 잘 나왔어요 ㅠㅠ 국어는 92.5점 정도 나왔고, 수학, 영어, 역사도 85점은 다 넘었어요! 과학도 예전에 비해 성적이 정말 많이 올랐어요! 앞으로도 열심히 공부해서 꼭 인서울 하겠습니다! 진짜 이분만 믿고 하라는 대로 하셔도 됩니다. 항상 학생들을 위해 좋은 콘텐츠 만들어주시고 알려주셔서 감사해요 :) (@dk********)

매번 좋은 콘텐츠 잘 보고 있습니다. 아이 셋 키우는 엄마라 좋은 콘텐츠 매번 큰아들, 둘째 아들한테 보내기 바쁘네요. 나중에 우리 큰아들 로망 대학인 고대 보내고 싶어요! 큰아들이 사춘기가 살포시 와서 공부도, 마음도 안드로메다로 갔다가 제자리걸음도 했다가 정신을 못 차리네요ㅠㅠ 현실 조언자가 필요한데 저보다는 고대생님의 콘텐츠가 더 아들에게 필요한 듯해요. 정말 감사하는 중입니다. (@bv*********)

감사합니다! 저도 나중에 성공해서 남한테 도움이 되는 사람이 될게요! (@sk********)

저는 독학으로 공부를 하고 있어서 이런 것들을 물어볼 선배가 없어 혼자 찾아보고 정리하느라 힘들 때도 있는데, 고대생님을 알고 난 후 많은 부분이 해결되었어요. 항상 좋은 방법들 풀어주셔서 감사해요 :) (@my*********)

막연하게 생각하던 부분들이 명확해졌네요. 감사합니다. (j1*****)

아무것도 모르는 고등 부모와 아이에게 큰 도움이 되네요^^ 감사합니다. (j1go**)

노베이스라서 공부를 어떻게 해야 할지 몰랐는데 덕분에 공부 틀이라는 걸 조금이나마 알 것 같아요. 정말 감사합니다. (@st*********)

공부할 때마다 자극을 못 받아서 항상 작심삼일이기 마련이었는데 고대생님을 알고 나서부터 열심히 공부하게 돼요! (@hk*****)

고등학교 올라오고 학원을 안 다니는 과목은 어떻게 공부해야 할지 정말 고민이었어요. 주변 친구들은 다 잘하는 것 같고 아무리 노력해도 저만 계속 그 자리에 머물러 있는 것만 같아서 막막했는데… 너무 정성스럽게 하나하나 자세히 정리해주신 게 한눈에 보여서 너무 감사했고, 보자마자 다시 열심히 할 용기가 확 생기는 거 있죠ㅠㅠ 정말 감사합니다♥ 열심히 할게요! (@lu****)

분명 훌륭한 교사가 되실 것 같아요. 어쩜 그리 설명도 잘하시고 자료도 잘 만드시는지… 타고나는 거겠죠. 방학 때 학생 대상 강의도 해주시면 좋겠어요~ 그리고 학교 선생님들도 수강하시면 좋겠어요. 학생들에게 기회를 많이 주시고 세특(세부능력/특기사항)도 잘 써주실 수 있게요. 고려대학교 학생이라고 하셨으니 다음에는 내신이나 수능 대비 학습법 강의도 부탁드려도 될까요? 다양한 주제로 자주 뵙고 싶어요~ 찐 팬임~~ (N-r8******)

고대생님 콘텐츠는 언제나 옳다는 것을 알기에 항상 빠짐없이 참고해왔는데 이번에도 역시나… 어떻게 제가 궁금했던 것들만 쏙쏙 담아두신 거죠? (@ya**********)

이번 내신 공부법 쩔어요… 프린트까지 해서 볼 정도라니까요? 진짜 알차게 준비해주셔서 감사해요. 기말고사까지 3주 남았는데 이거 보면서 열심히 공부해보도록 하겠습니다! 수행평가랑 기말고사 두 마리 토끼 다 잡아볼게요. 정말 감사합니다♥ (@stu********)

이해하기 쉽게 떠먹여 준다는 느낌으로 설명해주셔서 편하고 이해하기 쉬웠습니다. 문제집이든 공부 계획이든 예시를 많이 넣어주셔서 편했고, 특히 예시는 이유식처럼 자잘한 설명이 꼼꼼하고 부드러워서 혼자 고민하거나 다시 생각하는 시간 없이도 있는 그대로 따라갈 수 있는 명료한 매뉴얼 같아 좋았습니다. (dj*****)

고등학교 올라와서 첫 모의고사와 첫 중간고사에 충격적인 등급을 받았는데요. 중학교와 달라도 너무 다른 시험에 멘탈도 흔들리고 시험 끝나고 많이 울기도 했습니다. 그럴 때 고대생님 인스타그램 계정을 발견하고 고대생님이 추천하는 암기법이나 공부법을 많이 찾아보면서 '내가 어디가 부족했고 이렇게 공부해야 하는구나' 많이 느꼈던 것 같아요. 정말 감사하게 생각하고 있습니다! (@xm*******)

항상 시험볼 때마다 벼락치기로 공부해서 정확한 목표도 안 정하고 공부했는데, 더 이상 안 될 것 같아서 4주 전에 처음으로 목표도 세워보고 공부를 시작했습니다. 그런데 처음이다 보니 헤매는 부분이 많았어요 ㅠㅠ 그런데 고대생님의 공부법을 보고 정말 도움 많이 되었습니다. 정말 감사해요♥ 덕분에 이번 시험 잘 보고 올 것 같은 느낌? (@hye_******)

불안감이 사라졌습니다. 정말 감사합니다. (K-eo******)

너무 좋았어요. 다른 강연들도 들어봤지만 이번 강의가 최고! 바로 적용 가능한 세세한 팁들도 좋았네요. (K-52******)

멘토님께서 공부를 잘할 수밖에 없었구나 하는 스마트함이 느껴질 만큼 깔끔하고 핵심을 잘 집어내어 강의해주셔서 좋았습니다. 요즘 입시 추세도 잘 반영해 준비하신 점, 질문 하나하나 정성껏 대답하신 점 정말 좋았습니다. (grac*****)

고등학생 및 학부모에게 실질적으로 도움이 되는 내용을 친절하고 쉽게 알려주셔서 정말 좋았습니다. 많은 도움이 되었습니다. 감사합니다. (jose*****)

안녕하세요 중학교 2학년 학생입니다! 오늘 영어 과목에서 93점이라는 너무너무 기쁜 점수를 받았어요. 무려 20점이나 올랐습니다! '나도 이렇게 잘할 수 있구나!'라는 자신감이 생겼어요. 정말 감사합니다!! (@3do******)

국영수 10점 이상 오르고 역사 30점 올랐습니다!!! 오늘까지만 놀고 내일부터는 또 갓생 시작해 2학기를 기약해야겠어요♥♥감사합니다. (@u_ji*****)

안녕하세요 저는 고대생님의 올인원 내신공부법으로 1학기 기말 준비를 했던 고2입니다. 만족스러운 결과를 받게 되었어요!! 중간고사를 망쳐서 교사라는 진로를 포기해야 하나 생각했는데 진로를 포기하지 않고 열심히 해야겠다는 생각이 들었어요!! 진짜 정말 감사합니다! (@bag*******)

✦ 진학사 강연 〈생명과학 심화 탐구 소재 소개해드려요!〉 (22.02.10) 후기 발췌
✦ 진학사 강연 〈멘토가 추천하는 생명과학계열 자율탐구활동!〉 (22.05.11) 후기 발췌
✦ 진학사 강연 〈고려대 생명과학을 생기부에 녹여내는 방법!〉 (22.10.14) 후기 발췌
✦ 인스타그램 @ku._.cloud 콘텐츠 후기 메시지

✦ 틀린 그림 찾기! ✦

1등의 플래너

Daily Planner

2023.06.30

기말고사 D-4 기적은 멀리 있는 것이 아니다!!

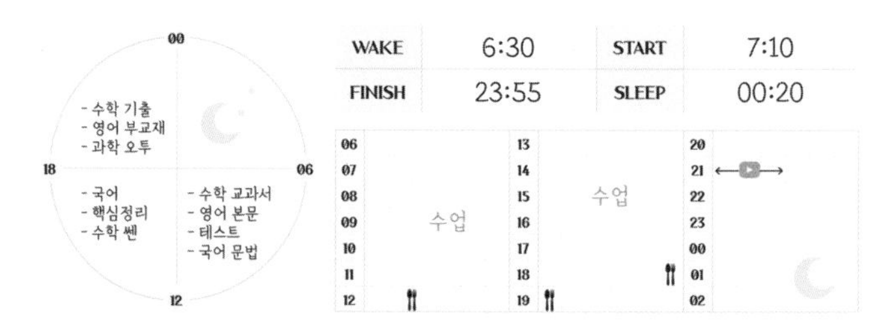

XX 내일부터 저녁 먹고 나서 폰 금지 XX 밤에 유튜브 보는 시간 아끼기!

TO-DO LIST
☑ 미술 수행 제출
☑ 탐구대회 일정 체크
☐
☐
☐
☐

MEMO
이번 기말고사만 끝나면 1학기도 끝! 조금만 힘내자 :)

STUDY PLAN		
국어	<첫사랑> 핵심 정리	✓
	<아홉켤레의 구두로 남은 사내> 핵심 정리	✓
	<결혼> 핵심 정리	✓
	음운의 변동 최다 빈출 풀고 오답 정리	✓
수학	교과서 p.26~43 문제 다시 풀기	✓
	쎈 39번 문제 질문 & 풀이 과정 정리	✓
	쎈 p.41~49 틀린 문제만 다시 풀기	✓
	작년 기출 문제 풀고 오답 정리	✓
영어	부교재 지문 요약 노트 총정리	✓
	교과서 3과 단어 테스트 & 본문 테스트	✓
	교과서 4과 단어 테스트 & 본문 테스트	△
과학	오투 p.37~41 풀고 오답 정리	✓

꼴찌의 플래너

Daily Planner

2023.06.30

기말고사 D-4

WAKE	7:45	START	20:40
FINISH	23:20	SLEEP	03:10

06	13	20
07	14	21
08	15	22
09	16	23
10	17	00
11	18	01
12	19	02

00 18 06 12

TO-DO LIST

MEMO

STUDY PLAN

과목	계획	결과
국어	교과서 작품 필기 읽기	✓
	평가문제집 단원평가 풀기	×
수학	쎈 p.41~45 풀기	△
사회	자료 분석 프린트 필기 다시 보기	×

1등의 플래너

수면 습관	– 규칙적인 시간에 자고 일어나면 시간 활용도와 집중력이 함께 높아집니다. – 성적이 높다고 꼭 잠을 줄이고 밤새워 공부하는 것은 아닙니다. 오히려 공부를 잘하는 학생들은 충분한 휴식을 통한 체력 보충과 멘탈 관리가 얼마나 중요한지 알고 있어 6시간 이상 수면 시간을 충분히 확보합니다.
공부 시작 및 종료 시간	– 일어나서 공부를 시작하는 데까지 오래 걸리지 않아 오전 시간을 알차게 활용할 수 있고, 학교생활에 적응하고 수업에 집중하기 편합니다. – 하루 계획을 마무리한 후에는 눈과 뇌에 충분한 휴식 시간을 줍니다. 스마트폰을 보면서 늦게까지 잠들지 않는 등 다음 날 무리가 될 만한 행동은 절대 하지 않습니다.
일정 관리	공부 계획뿐만 아니라 수행평가, 학교 행사 등 공부 외 일정도 플래너처럼 자주 보는 곳에 꼼꼼하게 기록하고 관리합니다. 기한이 정해진 이벤트를 놓치지 않고 잘 챙기는 것이 입시 성공에 중요한 영향을 주기 때문입니다.
공부 계획	상위권 학생들은 공부 계획의 구체화에 능숙합니다. 과목별 공부 계획을 최대한 자세하게 적어 어떤 페이지를 보아도 그날 공부한 내용을 명확히 알 수 있습니다.
달성 여부	O, △, X 표시뿐만 아니라 진행 상황도 함께 기록합니다. 다음 날 플래너를 작성할 때 계획의 우선순위를 정하고 계속 밀리는 과목은 없는지 스스로 점검하기 쉽습니다.
타임테이블	공부한 시간은 형광펜으로 확실히 표시해 성취감을 높이고, 학교 수업, 학원 이동, 식사 등 공부 외 시간에 무엇을 하며 보냈는지 함께 기록합니다. 시간을 낭비한 원인을 적고 반성하기 때문에 시간이 흐를수록 더 효율적인 습관을 만들고 더 높은 곳으로 올라가게 됩니다.
마인드셋	상위권 학생이 높은 위치에 있는 이유는 자신에 대한 확신이 있기 때문입니다. '내가 하면 잘할 수 있을 거야', '만약 잘 안 되더라도 분명 방법이 있을 거야', '그럼 일단 한 번 해보자'라는 생각의 흐름이 자연스럽습니다.

꼴찌의 플래너

수면 습관	– 규칙적인 수면 패턴이 만들어지지 않으면 활용 가능한 시간이 줄어들고 피로가 쌓여 집중력이 떨어집니다. – 공부는 일찍 끝냈지만 SNS를 보거나 게임을 하는 등 다른 일 때문에 늦게 잠듭니다. 부족한 수면 시간이 누적되면 공부 습관이 잡히지 않을 뿐만 아니라 건강도 해칩니다.
공부 시작 및 종료 시간	– 공부를 못하는 학생의 가장 큰 특징은 오전 시간을 중요하게 생각하지 않고 공부 시작을 미룬다는 것입니다. – 하루 공부 계획을 다 마무리하지 않고도 공부를 일찍 끝냅니다. 단순히 하기 싫고 귀찮다는 이유로 하루를 빨리 마무리하는 것은 해야 할 일에 대한 무책임입니다.
일정 관리	평소 일정을 따로 기록하고 정리하는 습관이 부족합니다. 그래서 미리 공지된 수행평가 날짜를 까먹어 점수를 깎이거나 학교 행사 접수 기회를 놓쳐 입시 준비에 문제가 생기는 등의 상황이 반복됩니다.
공부 계획	과목별 공부 계획을 구체적으로 적지 않고 대충 작성합니다. 시간이 오래 지난 후 보면 그날 어떤 과목 공부를 얼마만큼 했는지 정확히 알 수 없어 비효율적입니다.
달성 여부	하위권 학생들은 계획의 우선순위를 정하거나 달성률을 높이는 것의 중요성을 알지 못합니다. 손에 잡히는 대로 공부하다 보니 계획 달성 여부를 신경 쓰지 않습니다.
타임테이블	공부한 시간은 형광펜으로 표시하지만 그 외 시간은 무엇을 했는지 알 수 없습니다. 공부 외 시간 활용도를 제대로 기록하지 않으면 어떤 시간대를 왜 낭비했는지 잘 기억나지 않습니다. 시간 활용도에 대한 반성이 불가능하면 개선할 수도 없습니다.
마인드셋	처음부터 목표를 높게 잡기 때문에 쉽게 실패하고, 실패 경험이 쌓여 '어차피 해도 안 될 거야'라는 부정적인 생각을 하게 됩니다. 작은 목표부터 차근차근 시작하려는 마음, 실패해도 괜찮다는 생각이 성적 향상의 첫걸음입니다.

꿈이 있는 너에게 알려주는 기적의 올인원 솔루션!

공부는 왜 이렇게 어려울까?

대학 입학 후 4년 반 동안 여러 교육 활동에 참여하며 대학생 멘토라는 이름으로 수많은 후배들을 만났습니다. 2022년 봄에는 서울의 한 고등학교에서 교육 실습에 참여하며 실제 학교 현장에서 학생들의 생각과 고민을 직접 마주했습니다.

제가 만났던 학생들 중에는 자신의 부족한 점을 정확히 마주하고 구체적인 질문을 통해 실질적으로 도움이 될 만한 답을 얻어가는 학생도 있었지만 대다수 학생은 그렇지 못했습니다. 일대일로 멘토링을 진행할 때도, 교생 선생님으로서 학생 상담을 진행할 때도, 학생들은 그저 뜬구름 잡는 이야기들로 소중한 시간을 흘려보냈습니다. 정말 본인의 고민이 맞는지 의문이 들 만큼 구체적이지 않은 질문, 자신이 무슨 말을 하고 있는지 스스로 확신하지 못하는 막연한 고민, 현재 성적과 위치를 고려하지 않고 꿈만 꾸는 허황된 마음. 성공하는 학생과 그렇지 못한 학생은 바로 여기에서 나뉘었습니다. 두 학생은 도대체 왜 이런 차이가 날까요?

너의 공부가 어렵기만 한 세 가지 이유!

1) 부족한 점을 모른다

2) 필요한 정보를 모른다

3) 실천하는 법을 모른다

첫째, 앞서 말했듯 자신의 부족한 점을 마주해야 개선과 보완을 위한 길이 열리는데, 학생 대부분은 자신의 부족한 점을 정확히 마주하는 방법을 알지 못합니다. 성적이 생각만큼 잘 나오지 않는 과목에 더 많은 시간을 투자해 성적을 올리는 것, 개선하기 어려운 공부 습관과 너무 편해서 바꾸고 싶지 않은 생활 습관에 변화를 꾀하는 것을 본능적으로 회피합니다. 약점을 마주할 자신이 없으니 변화를 통해 성취감을 느끼기 힘들고, 성취 경험이 부족하니 공부와 입시에서 성공할 수 있을 것이라는 자신감은 점점 더 낮아집니다.

둘째, 무엇을 보완해야 할지 모르기 때문에 어떤 정보가 필요한지 감을 잡기 어렵습니다. 공부와 입시는 정해진 하나의 정답을 맞혀야만 하는 퀴즈쇼가 아닙니다. 자신의 성향과 목표에 따라 걸어갈 수 있는 길은 수십 갈래로 나뉘고, 원래 가던 길이 막히면 시간은 조금 걸리겠지만 또 다른 길을 찾으면 됩니다. 그런데 본인이 무엇이 필요한지 깨닫지 못하면 수많은 가능성의 길은 오히려 선택을 혼란스럽게 만드는 장애물이 됩니다. 아무리 옆에서 도움 되는 정보를 정리해주고 응원의 말을 건넨들, 무엇이 정말 자신을 위하는 길인지 골라내지 못하고 지나쳐버리거나 엉뚱한 길을 걷기로 선택한다면 아무런 의미가 없기 때문입니다.

셋째, 꾸준히 노력하는 법을 잘 모릅니다. 따라 하기만 하면 성공이 보장되는 절대 법칙이 있다고 하더라도 이를 완전한 내 것으로 만들기 위해서는 엄청난 시간과 노력이 필요할 것입니다. 그런데 아쉽게도 공부에는 위와 같은 절대 법칙도 없고, 시간과 노력을 끝까지 투자하는 것을 어려워하는 학생들이 대다수입니다. 운이 좋아 자신의 약점을 발견하고 이를 개선할 수 있는 효과적인 방법을 찾았다고 해도, 비교와 경쟁을 부추기고 결과에만 초점을 맞추는 우리나라 교육 현장에서는 학생들이 마음을 잡고 끝까지 도전하기까지 너무나도 많은 방해 요소가 존재합니다.

문제를 알아도 해결할 수 없는 현실, 답답하기만 한 앞길!

앞서 소개한 세 가지 실패 요인을 읽고 나서 '앞으로 내 약점을 정확히 바라볼 용기를 가지고, 약점을 보완할 수 있는 맞춤형 정보만 잘 골라내서, 목표를 이룰 때까지 포기하지 말고 노력해보자.'라는 다짐을 하셨나요? 그런데 이러한 다짐을 하자마자 또 한 번 두려움과 막막한 감정이 느껴지고 시작도 전에 포기하고 싶어집니다. 이제 무엇이 문제인지는 알겠는데, 그 문제를 해결해보겠다는 다짐은 또 어떻게 실행에 옮겨야 하는지 알 수 없기 때문입니다. 과연 이 문제가 공부 및 입시 정보를 효율적으로 받아들이지 못하는 학생들만의 책임일까요? 적어도 저는 그렇게 생각하지 않습니다. 이제 저에게는 끊임없이 고민하고 풀어가야 할 숙제 하나가 생겼습니다.

포털 사이트나 SNS에 검색만 하면 각종 정보와 분야별 멘토들의 노하우가 물밀듯 쏟아져 나오는 요즘, 과거에 비하면 훨씬 쉽게 자신의 학업과 입시 준비에 도움이 될 만한 정보를 얻을 수 있습니다. 그런데 자신의 이야기로 후배들을 도우려는 멘토가 많아지고 여러 가지 노하우가 이곳저곳에서 발견되더니 예전에는 없던 새로운 문제가 나타났습니다. 바로

'책임을 학생에게 미루는 현상'입니다. 정보가 가득 담긴 보따리를 던져 주고 그 안에 있는 이야기 중 필요한 것을 골라 참고하라고 말하지만 정작 대다수 학생은 보따리를 여는 방법조차 제대로 알지 못합니다. 심지어 언젠가 쓸 데가 있을 것이라는 생각에 당장 필요하지 않은 보따리를 통째로 등에 얹고 다니며 힘들어합니다. 이제는 '도움 되는 노하우를 알려줄 테니 알아서 잘 활용해봐.'라는 책임감 없는 멘토링을 지양해야 할 때라고 생각합니다.

모든 학생에게 필요한 솔루션만을 뽑아 이 책에 담았다!
기적을 만드는 올인원 공부법!

앞으로 저는 이 숙제를 해결하기 위해 어떤 도전도 서슴지 않으려고 합니다. 그리고 그 도전의 시작이 바로 이 책을 쓰는 일이었습니다. 물론 이 한 권의 책으로 전국의 모든 학생에게 맞는 맞춤형 솔루션을 제공하는 것은 현실적으로 불가능함을 잘 알고 있습니다. 하지만 앞서 반복해서 이야기했던 대로 공부에 어려움을 겪는 학생들이 갖는 세 가지 공통된 특징을 직접 보고 느낀 지난날의 경험은, '약점을 마주할 용기', '정보를 골라내는 안목', '끝까지 해낼 수 있는 의지'만 제대로 길러준다면 기적이 일어날 것임을 확신하게 해주었습니다. 보따리를 던져두고 쿨하게 퇴장하는 것이 아니라 조급해하지 않고 보따리를 여는 방법부터 차근차근 연습할 수 있도록 말입니다. 그래서 이 책을 한 글자씩 따라가다 보면 여러분이 새로운 변화에 도전하고자 하는 마음을 그 누구보다 응원하고, 사소한 노력 하나하나 칭찬하며, 작은 변화도 놓치지 않고 알아봐주는 말들이 곳곳에 등장하는 것을 확인할 수 있을 것입니다.

이 책에서는 본격적인 과목별 공부법을 소개하기 전에 기본적인 공부 루틴을 확립하고 잘못 만들어진 공부 습관부터 바로 잡을 수 있도록 돕습니다. 그 후 내신과 수능을 준비하는 과목별 공부법과 효율적인 준비 노하우를 담았습니다. 마지막으로는 4년 동안 대입 자기소개서 첨삭 및 입시 강연을 진행했던 경험을 바탕으로 학생부종합전형을 준비하는 학생들을 위한 입시 준비 노하우를 구체적으로 정리했습니다. 여기에 부록으로는 각종 멘토링 활동과 교생 실습 과정에서 만났던 학생들이 입을 모아 이야기하는 대표 고민 10가지를 선정해 멘토이기 전에 언니, 누나로서 전해주고 싶은 진심 어린 답변까지 담았습니다. 이 책은 여러분의 공부와 입시 모두를 따뜻하게 응원하는 길잡이로서 세상 어디에도 없는 올인원 솔루션이 될 것입니다.

'멘토(mentor)', 경험과 지식을 바탕으로 다른 사람을 지도하고 조언해주는 사람이라는 뜻입니다. 저는 교육 분야에서 높은 학위를 가진 전문가도, 교육 현장에서 일하는 현직자도 아닙니다. 하지만 학창 시절 끊임없이 노력하고 도전하며 제게 맞는 길을 찾아냈던 과거의 경험과 대학 입학 후 많은 후배들과 함께하며 쌓아온 지금의 경험을 바탕으로 중 · 고등학생들의 공부 및 입시 방향성을 바로 잡고자 조언을 아끼지 않는 저는, 누군가에게는 감사의 마음을 전하고 싶은 어엿한 멘토입니다. 제 학창 시절을 돌아보면, 그 어떤 전문가의 조언보다 가고 싶은 대학교에 재학 중인 아는 언니와 고민을 나누며 들었던 생생한 이야기들이 때로는 하루를 버티는 힘이 되어주었습니다. 모든 학생의 옆에 실제 멘토가 있을 수 없다면 이 책이 그 역할을 해주었으면 하는 바람입니다.

할 수 있다고 믿는 자는 그렇게 되고,
할 수 없다고 믿는 자 또한 그렇게 된다.

- 샤를 드골

왜 '올인원 공부법'인가?

왜 '올인원 공부법'인가를 묻는다면 공부를 잘하기 위해서 해야 하는 일을 먼저 얘기해주고 싶습니다. 공부를 잘하기 위해서는 여러분의 약점을 마주하는 것에 익숙해져야 하고, 여러 정보 중 도움 되는 것을 똑똑하게 골라내야 하며, 이를 여러분의 것으로 체화하는 데까지 오랜 시간과 노력을 투자해야 합니다. 결과적으로 여러분이 최종 목표로 삼은 대학, 학과에 진학하고 끊임없이 삶의 방향성을 고민하며 살아가야 합니다. 쉽지 않은 일입니다.

그렇다면 저는 어떻게 공부를 잘하는 학생이 될 수 있었을까요? 이렇게나 빠르고 확실하게 진로 방향성을 설정해 흔들리지 않고 지금까지 달려올 수 있는 비결은 무엇이었을까요? 이 질문들에 대한 답이 이 책을 읽어야 하는 확실한 이유가 될 것입니다. 여러분이 그 쉽지 않은 일을 결국 해내도록 만들어줄 방법을 소개할 테니까요!

1) 공부에 대한 긍정적 인식

- 공부 부담을 없애라!

저는 어린 시절 공부에 대한 압박과 부담을 전혀 받지 않고 컸습니다. 어릴 때는 공부에 집착하기보다 많은 것을 보고 즐겨야 한다는 것이 엄마의 교육 철학이었기 때문입니다. 저는 중학생이 되기 전까지 피아노, 미술, 바이올린, 댄스 학원에 다니며 '학원에 다니는' 아이가 아니라 '놀러 다니는' 아이로 살 수 있었습니다. 게다가 수업 시간이 너무 길거나 어렵고 복잡한 교과 수업이 진행되는 학원은 절대 등록해주지 않으셨습니다. 지금도 엄마는 한자가 너무 배우고 싶어 학습지 수업을 등록해달라고 졸랐던 초등학생 시절의 저를 떠올리며 웃습니다. 공부 좀 더 하겠다던 어린 딸을 한사코 말리던 엄마를 설득해 그해 생일선물로 한자 수업을 듣기 시작했을 때는 이 세상 누구보다 행복했습니다. 어린 시절에 공부로 인해 힘들고 지쳤던 경험을 최소화해야 공부를 더 해보고 싶은 것, 궁금한 것으로 인식하게 됩니다. 그리고 자연스럽게 공부를 즐기고 좋아하게 됩니다. 대부분은 어릴 때부터 바쁘게 여러 학원 일정을 소화하고 공부에 부담을 느끼면서 점차 공부와 멀어집니다.

2) 꾸준한 자기주도학습 습관

- 사교육에 의존하지 마라!

초등학교를 졸업한 후에는 어려워진 수업 내용을 이해하기 위해 수학 학원과 영어 학원에 등록했습니다. 하지만 사교육보다 공교육과 자기주도학습을 더 중요하게 생각했다고 자신 있게 말할 수 있습니다. 내신 시험 기간이 되면 학원 수업을 중단하고 스스로 공부 계획을 세워 준비했습니다. 사교육은 공교육과 자기주도학습을 도와주는 도구였을 뿐, 맹목적으로 좇는 목적이 되지 않도록 항상 경계했습니다.

가용 시간이 확 줄어들고 체력이 달리는 고등학생이 되었을 때도 1등을 유지할 수 있었던 것은 혼자 공부하는 습관을 미리 만들어두었기 때문입니다. 공부는 남이 대신해주는 것이 아니라 스스로 해야 합니다. 학원 등 외부 요인에 의존해 공부를 잘하는 사람은 성장의 끝이 있지만 혼자서 잘하는 사람은 끝이 없습니다.

3) 강한 멘탈과 뛰어난 회복력

- 시행착오 속 과정의 문제점을 바로 보라!

결과에 집착하는 사람은 부정적인 상황에 닥치면 일어서기 어려워합니다. 하지만 저는 결과를 중요시했음에도 나쁜 결과를 마주했다고 해서 절대 무너지지 않았습니다. 결과를 실패로 이끈 원인은 무엇이었는지, 무엇을 개선해야 더 나은 결과를 얻을 수 있는지 고민하고 개선하는 것을 좋아했습니다.

이는 언제나 다음 결과를 더 좋게 만들었고, 시행착오를 두려워하지 않게 해주었습니다. 잠깐 실수하고 넘어져도 충분히 다시 일어설 수 있다는 확신이 생긴 것입니다.

4) 소신 있는 진로 선택

- 좋아하면서도 잘할 수 있는 것을 찾아라!

저는 어릴 때부터 제가 아는 내용을 친구들에게 설명하는 것이 좋았습니다. 친구들의 눈높이에 맞춰 이해하기 쉽도록 표현을 이리저리 바꿔가면서 말하는 것이 재밌었습니다. 설명이 끝나면 '역시 채연이가 설명하면 쉽게 이해돼서 좋다.'라는 친구들의 반응에 뿌듯함을 느껴 선생님을 꿈꾸게 되었습니다. 하지만 고등학교 입학 후 희망 학과와 진로를 결정하는 과정에서 고민이 많았습니다.

성적이 좋은 이과생이었기에 주변 어른들은 당연히 의대 진학을 기대하셨지만 정말 제가 원하는 길이 맞는지 의문이 들었기 때문입니다. 돈도 잘 벌고, 명예도 있고, 사람을 치료하고 살린다는 점에서 가치 있고 성취감을 느낄 수 있는 일이지만 제가 정말 하고 싶은지, 잘할 수 있는지 확신이 들지 않았습니다. 그래서 저는 '공부 잘하는 이과생은 의대에 간다.'라는 틀에서 벗어나 즐거운 일, 잘할 수 있는 일, 가장 큰 뿌듯함을 느끼는 일을 선택해야겠다고 다짐했습니다. 멋있어 보인다는 이유만으로 다른 길로 빠지지 않도록 부모님께서도 제가 하고 싶은 일을 항상 믿고 응원하며 중심을 잘 잡아주신 결과, 저는 지금 재밌어하던 생명과학을 전공하면서 교직 과정을 함께 이수하고 있습니다.

제가 그랬던 것처럼 여러분도 공부를 즐기고 좋아하는 학생, 하고 싶은 일을 자신 있게 말할 수 있는 학생, 흔들리지 않고 여러분만의 길을 걸어가는 학생이 되었으면 합니다.

그래서 공부와 입시를 향해 달리는 여러분을 위한 '진짜 가이드라인'이 필요하다고 생각했습니다. 여러분이 공부하다가 한 번쯤 힘들어했고 궁금해했을 공부의 모든 것을 이 책 한 권에 모두 담았습니다.

늦었다고 생각하지 마세요. 올인원 공부법을 차근차근 따라가다 보면 공부와 입시가 쉽고 재밌어지는 기적을 만들 수 있을 것입니다.

아직 믿지 못하겠다면 실제로 제가 만났던 수많은 학생들 중 이미 그 기적을 경험한 친구들의 이야기를 믿으세요. 그들도 처음부터 공부가 재밌어지고, 습관이 잡히고, 성적이 눈에 띄게 오르는 경험을 할 것이라고 상상도 하지 못했습니다. 공부에 대한 생각 하나 바꾸고 공부 습관 하나 달라졌다고 목표에 대한 간절함이 생길 줄은 몰랐다고 말했던 한 고등학생 멘티가 떠오릅니다. 모의고사 평균 6등급이던 그 학생이 성적을 끌어올려 원하던 인서울 목표를 달성하기까지 단 7개월밖에 걸리지 않았습니다.

올인원 공부법을 잘 따라오면 기적은 자연스럽게 만들어집니다. 반드시!

Content

✦ 첫 번째 기적 ✦

공부 루틴 : 조금씩 꾸준히 하라

✦ 두 번째 기적 ✦

공부 습관 : 잘못된 습관은 빨리 바꿔라

✦ 세 번째 기적 ✦

내신 공부 : 바쁜 학기 중에 효율을 챙겨라

✦ 네 번째 기적 ✦
수능 공부 : 장기전에 지치지 않을 힘을 길러라

✦ 다섯 번째 기적 ✦
입시 전략 : 나만의 성공 비법을 만들어라

Q1 공부 관련 꿈이 아니더라도 무조건 대학을 가야 하나요?

Q2 저는 아직 명확한 꿈이 없는데 어떻게 해야 하나요?

Q3 친구 관계에 문제가 생기면 공부할 의지가 사라져요.

Q4 번아웃, 슬럼프를 이겨낼 수 있는 방법이 궁금해요.

Q5 진짜 열심히 공부했는데 성적은 항상 제자리예요.

Q6 이번 내신 시험을 망쳤는데 수시는 포기해야겠죠?

Q7 학업 분위기가 좋지 않은 지역에서도 좋은 대학 갈 수 있을까요?

Q8 몇 시에 자고 몇 시에 일어나는 것이 좋을까요?

Q9 공부만 시작하면 잠이 쏟아지고 꾸벅꾸벅 졸아요.

Q10 어떻게 하면 학교 선생님과 좋은 관계를 유지할 수 있을까요?

첫 번째 기적

공부 루틴 : 조금씩 꾸준히 하라

여러분이 원하는 만큼 성적을 올리고 싶다면 과목별로 여러 가지 공부법을 보고 듣고 적용하는 것보다 더 먼저 해야 하는 일이 있습니다. 바로 여러분만의 맞춤형 공부 루틴을 만드는 일입니다. '루틴'이란 특정 작업을 실행하기 위한 일련의 명령을 뜻합니다. 제대로 공부하기 위해서는 하루의 시작부터 끝까지, 일주일의 첫날부터 마지막 날까지 정해진 루틴에 맞춰 행동하는 것부터 시작해야 하는데, 정작 앞 과정을 제대로 수행하지 않고 다음 단계로 급하게 넘어가는 학생들이 너무나도 많습니다. 전혀 급하지 않다고 아무리 이야기해도 학생들에게는 들리지 않는 것 같습니다. 공부 루틴을 만들지 않으면 손에 잡히는 대로 대책 없이 공부하게 되고, 언제 어떤 공부를 실천하는 것이 더 효율적인지 스스로 고민할 기회를 잃어버립니다. 그래서 이 책이 여러분에게 선물할 첫 번째 기적은, 지치지 않고 꾸준히 달릴 수 있도록 맞춤형 공부 루틴을 만드는 것입니다.

✦

01 공부를 잘하려면 생각만 하지 말고 행동하라

어차피 공부는 완벽할 수 없다, 일단 시작하라

여러분의 공부가 잘 풀리지 않는 가장 큰 이유는 완벽한 공부에만 집착해 과정의 불완전함을 견디지 못하기 때문입니다. 몇 년에 걸쳐 수행하는 공부는 절대 과정 하나하나가 완전하고 완벽할 수 없습니다. 그런데 지금 실천하는 방법보다 성적을 더 높여줄 비법이 따로 있을 것만 같아 현재에 집중하기 어려워합니다. 남들보다 더 멋지게 공부를 해내야 한다는 생각에 욕심내서 과한 목표를 설정했다가 얼마 못 가 무너지기도 합니다. 책상 앞에 앉아 있는 시간은 남들보다 길고 의지가 부족한 것 같지도 않은데 눈에 보이는 성과는 아무것도 없습니다. 이처럼 대다수는 과정에 충실하지 않은 상태에서 어떻게든 결과가 완벽하게 만들어질 것이라고 믿습니다. 거기에 '어차피 완벽하지 않을 건데 시작해봤자지.'라는 생각으로 시도조차 하지 않고 회피하는 성향이라면 더 큰 문제입니다.

4년 동안 하루도 빠짐없이 학생들에게 공부 관련 질문을 받았습니다. 그 과정에서 공부를 잘하는 학생과 아무리 노력해도 성적이 오르지 않는 학생 사이에 공부를 대하는 생각의 패턴 자체가 다르다는 사실을 깨달았습니다. 공부를 잘하는 학생은 자신이 적용해보고 싶은 공부법을 발견하면 우선 실행에 옮기고 본인에게 적합한지를 직접 판단하는 반면, 공부를 잘하지 못하는 학생은 행동을 미루고 어딘가에 있을 더 나은 정보를 찾아 다시 떠돌기 시작합니다. 앞서 말한 것처럼 완벽한 공부만을 좇기 때문입니다. 이러한 학생들은 질문 패턴도 비슷합니다.

'어제 여쭤본 A 방법 말고 B 방법은 어떤가요? 아, 어디서 봤는데 C 방법도 좋다고 하던데 이건 어때 보이나요? D 방법은 써보고 효과 보신 적 있으신가요?'

공부는 멀리 보고 오래하는 것이다

멘토링 중 만났던 중학교 3학년 김○○ 학생은 과목별로 어떻게 공부해야 하는지 알고 있음에도 성적이 오르지 않아 고민이라고 말했습니다. 알고 보니 효과가 좋다는 여러 가지 공부법은 알고 있었지만 그 방법들을 직접 적용하는 것을 두려워하고 있었습니다. 그러다 보니 안 그래도 힘든 공부는 언젠가부터 더 큰 짐처럼 느껴졌고, 성적은 제자리걸음이었으며 시험을 앞두고도 공부에 집중하는 것이 어려웠습니다. 이처럼 완벽한 공부에만 집착하는 학생들은 '막상 시도했다가 안 맞으면 시간만 낭비하게 될 테니 조금만 더 고민해볼게요.'라고 말하며 계획을 세우는 단계 이상으로 넘어가면 불편함을 느끼기 때문에 직접 행동하지 않습니다. 물론 처음 선택한 방법이 여러분에게 잘 맞는다면 정말 좋겠지만 여러분에게 그 방법이 맞지 않았다고 해서 무조건 실패했다고 보기는 어렵습니다. 여러분에게 주어진 여러 가지 길 중에서 굳이 가지 않아도 될 길을 골라낼 수 있게 되었기 때문입니다. 만약 새로운 방법을 이리저리 수정하며 적용해보다가 더는 그 방법이 여러분에게 쓸모없음을 깨달았다고 해도 너무 걱정하고 지금까지의 시간과 노력을 모두 잃은 것처럼 생각하지 마세요. 공부는 멀리 보고 오래 하는 것입니다.

김○○ 학생은 약 2년 동안 저와 멘토링을 진행하며 공부를 잘하는 학생이 가지는 핵심 능력인 '실천'의 중요성을 배웠고, 머리로 생각만 하는 것이 아니라 행동으로 옮기고 직접 변화를 마주하는 방법을 터득했습니다. 공부를 대하는 생각과 마음가짐을 바꾸지 않으면 아무리 옆에서 도움 되는 노하우를 알려주고 따뜻한 응원을 건네도 자기 자신을 믿을 수 없습니다. 그래서 책을 여는 첫 번째 이야기로 이 문제점을 꼭 짚고 싶었습니다. '실천할 용기'의 힘을 믿으세요. 본격적으로 공부 루틴을 만들기 전 여러분에게 작은 용기의 씨앗이 심어지기를 바랍니다.

지금 당장 공부가 쉬워지는 미라클 솔루션

실천할 용기를 만드는 세 가지 조언

- 완벽하게 계획을 세워놓은 여러분의 모습에 취해 있지 마세요. 계획만 하고 행동하지 않으면 아무것도 바뀌지 않습니다.
- 여러분에게 맞는 방법인지 아닌지 알기 위해서는 직접 경험해봐야 합니다. 해보지도 않고 결과를 두려워하지 마세요. 결과를 마주한 후 고민하고 생각해도 늦지 않습니다.
- 여러분에게 주어진 시간은 많습니다. 하루 이틀 쓰더라도 길을 골라내는 과정이었다면 시간 낭비라고 생각하지 마세요. 대신 이렇게 걸러낸 길을 다시 돌아보지 않도록 주의하세요.

02 세 가지 기본 규칙으로 하루를 열어라

공부는 꾸준히 실천할 때 조금씩 실력이 쌓이기 때문에 안 해본 사람은 시작부터 난관에 부딪힙니다. 이럴 때는 너무 과하고 타이트한 규칙을 정하는 것보다 현실적인 목표를 세우고 무리하지 않는 것이 중요합니다. 하지만 이제 막 공부를 시작한 학생에게도 이것만큼은 반드시 지켜야 한다고 말하는 기본 규칙 세 가지가 있습니다. 공부 루틴을 만들기 전 세 가지 기본 규칙을 지키고 있는지 점검하세요. 여러분이 활용할 수 있는 시간을 최대한 많이 확보한 후 공부를 시작해야 합니다.

기본 규칙 1 자고 일어나는 시간을 규칙적으로 유지하라

올바른 공부 루틴 형성은 낮과 밤을 잘 구분하는 것부터 시작합니다. 자고 일어나는 시간을 규칙적인 패턴으로 만들어 전날 소모한 체력과 다음 날을 위한 에너지를 보충하고, 6시간 이상의 충분한 수면 시간을 확보하세요. '주변 친구들은 커피 마시면서 새벽까지 공부하던데 저만 뒤처지는 것 같아 걱정돼요.' 커피나 에너지 드링크에 의지하며 밤새도록 공부하는 습관은 절대 좋은 습관이 될 수 없습니다. 실제로 저는 성적표를 받는 날마다 친구들로부터 '사실 우리 몰래 새벽에 공부하지?'라는 물음을 받았지만, 한 번도 새벽 1시가 넘어 침대에 누운 날은 없었습니다. 자는 시간을 줄이면서까지 무리하지 않아도 원하는 성적을 받을 수 있음을 보여준 산증인이 여기 있습니다.

기본 규칙 2 공부 시작 시간을 정확히 설정하라

대다수 학생이 총 공부 시간 목표를 설정하지만 공부를 언제 시작할지 설정하는 학생은 드뭅니다. 마음 잡기가 힘들고 책상 앞에 앉기까지 오래 걸린다면 앞으로는 공부 시작 시간 목표를 함께 설정해보세요. 공부를 시작하기 전에 낭비하는 시간을 아껴 공부에 투자해야 합니다.

특히 학교와 같이 강제로 일어나게 만드는 일정이 없는 주말과 방학 중에는 아침에 일어나 잠을 이겨내고 책상 앞에 앉는 것이 가장 큰 숙제입니다. 일어나자마자 씻고 외출복으로 갈아입거나 가볍게 스트레칭을 하는 등 아침잠을 깨고 공부를 시작할 수 있는 여러분만의 방법을 함께 고민해보세요. 실제로 저는 휴일에 일어나자마자 바로 외출 준비를 하고 9시에 여는 스터디 카페에 제일 먼저 입실하는 것을 목표로 두고 시간을 활용했습니다.

기본 규칙 3 하루 24시간을 세 단위로 나누어 활용하라

'할 건 많은데 시간이 없어요.' 많은 학생이 버릇처럼 하는 말이지만 사실 여러분에게 주어진 시간은 많습니다. 해야 할 일에 투자할 시간을 확보하지 않을 뿐입니다. 앞으로 여러분의 하루를 '오전', '오후', '저녁' 세 단위로 나누고 공부 계획을 세 단위에 적절히 나누어 배치해보세요. 특히 '오전' 시간대는 나머지 두 단위와 비교할 때 배정된 시간 자체가 짧고 기상 직후라는 특성 때문에 집중력을 끌어올리기 어렵습니다. 그래서 '오전' 단위를 효율적으로 활용하는 방법에 대해 스스로 고민해야 합니다. 이 방법은 쓸 수 있는 가용 시간이 얼만지 파악하는 데 도움이 되고, 과목별 공부 계획을 시간대별로 이리저리 바꿔 배치하며 공부 루틴을 만들 때도 도움을 줍니다.

학기 중 평일에는 '저녁' 단위를, 주말과 방학에는 '오전' 단위를 특히 알차게 보내야 합니다. 원형 계획표 메모지를 활용하면 시간대별로 해야 할 일을 한눈에 볼 수 있고 각 시간대를 알차게 보낼 수 있는 방법을 자연스럽게 고민하게 되어 효과적입니다. '3M 포스트잇 스터디메이트 데일리플래너/24시간 표시/원형'이나 '다이소 데일리 플래너 점착 메모'를 활용해보세요.

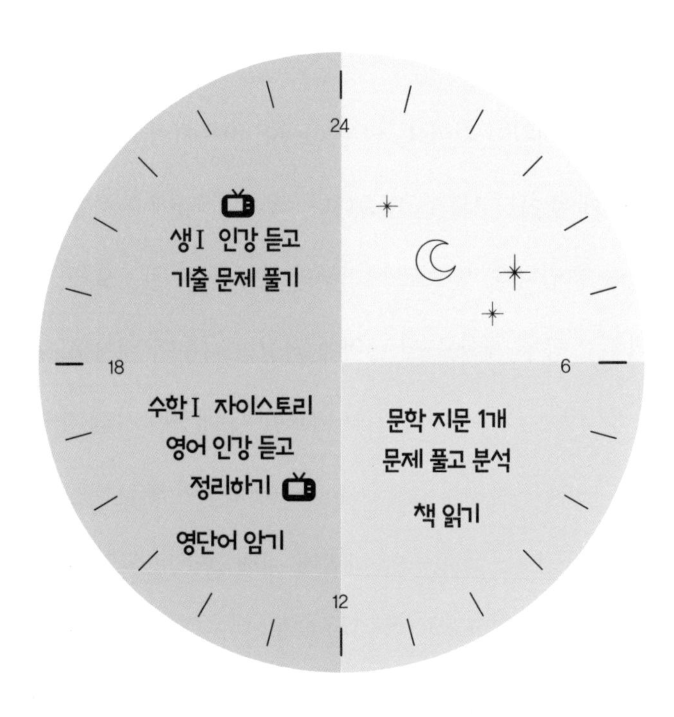

03 일일 공부 루틴 : 24시간을 내 것으로 만들어라

24시간을 10분 단위로 쪼개 활용해본 적 있나요? 이번 챕터에서는 하루를 알차게 활용하는 일일 공부 루틴을 만드는 방법을 소개하기 위해 일명 '시간 쪼개기'를 함께 연습해보려고 합니다. 공부 루틴을 만드는 것은 여러분만의 규칙을 반복함으로써 습관을 형성하는 것을 목표로 하므로 다른 사람의 루틴을 무조건 따라 하는 것은 여러분에게 도움이 되지 않습니다. 여러분의 생활 습관과 활용할 수 있는 시간을 고려한 맞춤형 공부 루틴을 만들어야 합니다.

① 공부에 투자할 수 있는 시간을 파악하라

하루 동안 여러분이 공부에 투자할 수 있는 시간이 얼마나 되는지 파악해야 합니다. 학교 일정이 언제 끝나는지, 학원 수업은 몇 시부터 몇 시까지인지, 이동 시간이나 식사 시간으로 얼마나 쓰는지 등을 요일별로 정리하고, 공부하기 어려운 시간과 공부에 투자할 수 있는 시간을 나누어 생각하는 것부터가 일일 공부 루틴 만들기의 시작입니다.

16:00 – 16:30	하교, 간단한 간식 먹기, 스터디 카페 갈 준비
16:30 – 16:40	스터디 카페로 이동
16:40 – 18:30	공부할 수 있는 시간
18:30 – 19:00	저녁 식사

② 시간대별로 공부 계획을 배치하라

시간을 두 가지 형태로 나누었다면 공부에 투자할 수 있는 시간대에 해야 할 일을 나누어 배치합니다. 개인의 성향이나 주변 환경 및 분위기에 따라 특정 시간대에 공부하기 유리한 과목들이 다릅니다. 예를 들어 학교에 있을 때는 주변 분위기가 어수선하므로 지문 속 새로운 정보를 파악해야 하는 국어나 영어보다는 수학 교과서 문제 풀이처럼 기계적으로 수행할 수 있는 공부 계획이 적합합니다. 그리고 하교 후 스터디 카페에 입실한 직후는 피로감을 느끼기 쉬우므로 평소 재미있어하는 과목의 공부 계획을 배치하는 것이 좋습니다.

16:40 - 18:00	국어 인강 듣기
18:00 - 18:30	수학 기출 문제 풀기 (1)
18:30 - 19:00	저녁 식사
19:00 - 21:30	수학 기출 문제 풀기 (2)

③ 실천 가능한 현실적인 목표부터 시작하라

일일 공부 루틴을 완성한 후, 개인적인 욕심에 너무 과한 목표를 설정한 것은 아닌지 돌아보고 수정이 필요하다면 과감하게 현실적인 목표로 바꾼 후 매일 루틴을 반복하며 습관화합니다. 처음부터 욕심을 부리는 것보다 여유로운 루틴을 설정해 연습한 후 점차 목표치를 높이세요. 만약 처음 설정한 루틴대로 매일 공부하다가 현재 실력으로는 무리라는 판단이 들 때도 언제든 수정 단계로 돌아와야 합니다. 기존 루틴을 수정하는 것이 실패했다는 의미는 아닙니다.

책 길잡이

이전 단계로 돌아가는 데 필요한 용기에 관한 내용은 이번 장의 마지막 챕터인 〈오래 지치지 않는 공부 마인드를 가져라〉에 더 자세하게 담았습니다.

④ 정해진 루틴에 억지로 끼워 맞추지 마라

시간대별로 해야 할 공부 계획을 배치해 하나의 루틴을 만들었다고 해서 무조건 그 루틴에 하루를 맞춰야 하는 것은 아닙니다. 공부 루틴을 만든 근본적인 목적을 기억하세요. 공부 루틴은 여러분이 시간을 쪼개 효율적으로 공부할 수 있도록 돕습니다. 상황에 따라 어떤 선택을 해야 공부 효율을 높일 수 있는지 끊임없이 고민하고 유연하게 하루를 보내야 합니다. 급하게 공부해야 할 과목이 있거나 방과 후 활동, 병원, 친구들과의 약속, 학원 보강 등 예상치 못한 일정이 생겼다면 적절히 그날의 공부 흐름을 조절하세요.

여러분의 공부 루틴은 다른 길을 걷다가 막히더라도 돌아갈 수 있는 확실하고 안정적인 길이 되어줄 것입니다. 당장 공부 루틴을 설정하는 것이 어렵다면 조급하게 생각하지 말고 지금부터 딱 일주일 동안만 학교에서 집에 돌아오면 몇 시쯤 되는지, 식사는 보통 몇 분 정도 하는지, 어떤 시간대에 어떤 과목을 공부하면 집중이 잘 되는지 살펴보세요. 여러분의 평소 공부 습관을 객관적인 시선으로 점검하면 공부 루틴을 만들기 쉬워집니다. 아직 감이 잘 잡히지 않는 분들을 위해 실제 제가 학창 시절에 실천했던 학기 중 공부 루틴을 한눈에 정리했습니다. 여러분도 맞춤형 일일 공부 루틴을 만들 수 있다는 자신감을 가지고 시도해보세요.

07:00 - 08:00	기상, 아침 식사, 등교 준비
08:00 - 08:20	등교, 수업 준비, 수학 문제 풀기
08:20 - 12:10	오전 수업, 쉬는 시간 틈틈이 복습하기
12:10 - 13:10	점심 식사, 추가 공부
13:10 - 16:00	오후 수업, 쉬는 시간 틈틈이 복습하기
16:00 - 16:30	스터디 카페로 이동
16:30 - 18:00	스터디 카페 입실, 국어 공부
18:00 - 18:30	수학 공부(1)
18:30 - 19:00	저녁 식사, 가벼운 산책
19:00 - 21:20	수학 공부(2)

21:20 – 22:00	영어 공부
22:00 – 23:30	탐구 공부
23:30 – 23:50	스터디 카페 퇴실, 귀가
23:50 – 00:20	다음 날 플래너 작성, 잘 준비
00:20 – 7:00	잠

지금 당장 공부가 쉬워지는 미라클 솔루션

남들은 모르는 고대생 언니의 공부 루틴 3가지

- 08:00 – 8:20 : 1교시 시작 전 수학 문제를 풀면 두뇌 회전이 빨라져 공부 집중력을 높이는 데 도움이 됩니다.
- 12:10 – 13:10 : 점심 식사 후 수학 문제를 풀거나 영어 단어를 암기하는 등 간단하게 수행할 수 있는 공부를 실천하세요. 하교 후 시간은 고도의 집중력이 필요한 과목에 투자합시다.
- 23:50 – 00:20 : 다음 날 플래너를 전날 미리 작성하면 다음 날 공부를 시작할 때 플래너를 쓰느라 보내는 시간을 아낄 수 있습니다.

04 주간 공부 루틴 : 과목별 공부 균형을 맞춰라

멘토링 중 만났던 고등학교 2학년 이○○ 학생은 정시 전형을 목표로 하며 학기 중에도 매일 8시간 넘는 공부 시간을 기록했습니다. 하지만 모의고사만 보면 특정 과목의 성적이 잘 나오지 않아 괴로워했습니다. 8시간의 공부 시간을 하나씩 뜯어보아도 이동 시간이나 식사 시간을 빼놓고는 모든 시간을 공부에 투자하고 있었습니다. 그런데 이 학생이 원하는 결과를 얻지 못했던 이유는 무엇일까요? 일일 공부 루틴은 제대로 만들었지만 주간 공부 루틴을 설정하지 않았기 때문이었습니다. 7일 중 5일을 자신이 좋아하는 과목만 공부하고 있었던 것입니다. 일주일 단위로 매일 과목별 공부 균형을 맞추는 것이 중요하기 때문에 주간 공부 루틴을 반드시 만들어야 합니다.

① 매주 일요일은 복습하는 날로 정하라

새로운 내용을 공부하는 것보다 배운 내용을 복습하는 것이 더 중요합니다. 아무리 집중해서 공부해도 첫 번째 학습이 이루어진 후 약 일주일이 지나면 배운 내용의 70%를 잊어버립니다. 그래서 월요일~토요일 6일 동안 공부한 내용을 종합해 일요일에 총정리를 진행하면 장기기억으로의 전환율을 높일 수 있습니다. 총정리를 할 때는 개념 암기가 중요한 과목은 키워드 위주로, 문제 풀이가 중요한 과목은 틀린 문제 중 특히 어려웠던 문제 위주로 다시 점검하는 시간을 가져야 합니다. 시간을 많이 쓰지 않아도 괜찮습니다. 대신 일주일에 한 번은 반드시 주간 복습을 실천할 수 있는 날을 확보하세요.

② 국어, 영어, 수학은 매일 꾸준히 공부하라

꾸준함은 공부 루틴을 만들기 위한 가장 강력한 무기입니다. 흔히 '주요 과목'으로 불리는 국어, 영어, 수학은 감을 잃지 않도록 매일 공부하세요. 이때 과목별로 많은 시간을 투자해야 하는 과도한 계획을 세우면 결국 지쳐 포기하게 됩니다. 국어, 영어, 수학을 매일 공부하는 습관이 만들어지지 않았을 때는 무리하지 않고 적당한 수준의 과목별 공부 계획부터 차근차근 만들어가세요. 적지만 매일 공부하는 습관이 잡혀 시간이 남는 때가 오면 과목별 계획을 늘려나가면 됩니다.

세 과목을 매일 공부하라고 하면 국어, 영어, 수학 중에서 가장 많은 공부 시간을 투자해야 하는 과목이 무엇인지 궁금해합니다. '아무래도 남들도 다 오랜 시간 공부하는 수학에 가장 많은 시간을 투자해야겠죠?'라고 묻는 학생들이 많습니다. 결론부터 말하면 아닙니다. 세 과목 중 어떤 과목에 시간을 많이 투자해야 하는지는 과목별 현재 성적과 목표 성적을 고려해 중요도 순으로 과목을 줄 세워야 알 수 있습니다. 대부분이 수학 공부에 많은 시간을 쓰는 이유는 어렵고 성적이 잘 나오지 않기 때문입니다. 주변에서 다들 그렇게 하니까 따라 하는 것이 아닙니다.

책 길잡이

과목별 공부 시간 분배에 대한 구체적인 노하우는 다음 챕터에서 자세하게 확인하실 수 있습니다.

③ 탐구 과목이 여러 개일 때는 격일로 배치하라

학기 중에는 하교 후 남은 시간을 활용해 공부해야 하므로 국어, 영어, 수학 공부 계획을 세우고 나면 탐구 과목 공부 계획을 추가하기에 시간이 부족합니다. 효율적으로 시간을 활용하기 위해서는 두 개 이상의 탐구 과목 공부 계획을 격일로 번갈아 배치해 부담을 줄이세요. 예를 들어 수능 선택과목으로 화학Ⅰ과 생명과학Ⅰ을 선택했다면 월수금은 화학Ⅰ, 화목토는 생명과학Ⅰ을 공부하는 식입니다.

내신 시험을 위해 세 가지 이상의 탐구 과목을 공부할 때는 과목을 그룹으로 나누어 묶은 후 그룹을 번갈아 배치하세요. 예를 들어 물리학Ⅰ, 화학Ⅰ, 생명과학Ⅰ, 사회문화 네 과목을 공부하는 상황이라면 물리학Ⅰ과 사회문화를 A그룹으로, 화학Ⅰ과 생명과학Ⅰ을 B그룹으로 묶습니다. 그리고 월수금은 A그룹, 화목토는 B그룹으로 배치하면 과목별 균형을 유지할 수 있습니다. 여러 과목을 하나의 그룹을 묶을 때는 상대적으로 쉬운 과목과 어려운 과목을 조합하는 것이 좋습니다.

월	국어, 수학, 영어, 사회문화
화	국어, 수학, 영어, 한국지리
수	국어, 수학, 영어, 사회문화
목	국어, 수학, 영어, 한국지리
금	국어, 수학, 영어, 사회문화
토	국어, 수학, 영어, 한국지리
일	주간 복습

앞서 성적 향상에 어려움을 겪었던 이○○ 학생은 주간 공부 루틴을 만들어 가장 약했던 국어와 사회탐구에 더 많은 시간을 투자하기 시작했고, 다음 모의고사에서 두 등급 이상 차이 나던 과목별 성적을 모두 2등급 이내로 맞출 수 있었습니다. 올바른 주간 공부 루틴은 특정 과목에 치우친 공부를 하지 않도록 돕습니다. 여러분의 일정과 진도에 맞게 주간 공부 루틴을 적절히 조정하며 활용해보세요. 과목별 성적 균형이 맞으면 공부가 훨씬 더 뿌듯하고 재밌어집니다.

05 공부 시간은 내 실력에 맞게 분배하라

'과목별로 시간 분배를 어떻게 해야 할지 모르겠다.'라는 질문을 정말 많이 받습니다. 활용할 수 있는 시간은 많은데 좋아하는 과목, 성적이 잘 나와 재밌는 과목에만 투자하면 성적은 절대 오르지 않습니다. 성적은 약한 과목에서 끌어올려야 극적인 변화가 만들어지는 구조이기 때문입니다. 그래서 이번 챕터에서는 국어 : 수학 : 영어 : 탐구 = 1 : 3 : 2 : 2와 같은 뻔한 분배가 아니라 여러분의 상황에 맞게 공부 시간을 효율적으로 분배하는 3단계를 소개합니다.

① 실제로 공부하는 과목을 구체적으로 나열하라

과목별 공부 시간을 분배할 때 가장 많이 하는 실수는 과목을 국어, 수학, 영어, 탐구와 같이 단순하게 나눈다는 것입니다. 문학, 비문학, 수학 Ⅱ, 확률과 통계 등 실제로 공부하고 있는 세부 과목을 모두 나열한 후

각 과목에 투자할 시간 비율을 세세하게 설정해야 실질적으로 도움 되는 계획을 세울 수 있습니다.

국어 : 수학 : 영어 : 탐구 = 1 : 4 : 2 : 3 (X)

국어 : 수1 현행 : 미적 선행 : 영어 : 생1 : 지1 = 1 : 3 : 1 : 2 : 2 : 1 (O)

② 성적이 낮은 과목을 용기 있게 마주하라

전 과목 중에서도 성적이 잘 나오지 않는 과목이 무엇인지 파악해야 합니다. 노력한다고 했는데 원하지 않는 성적을 받고 좌절했던 기억이 있으면 이를 마주하는 것이 당연히 달갑지 않습니다. 하지만 성적은 그 과목에 시간과 노력을 투자한 만큼 나옵니다. 특히 어렵다고 느끼는 과목이나 성적이 잘 나오지 않는 과목에 더 많이 투자할 수 있도록 시간 분배 과정에서부터 신경 써야 합니다. 두려움을 이겨내고 용기 있게 마주하세요.

③ 일주일 단위로 과목별 공부 시간 균형을 확인하라

앞에서 소개한 주간 공부 루틴을 바탕으로 일주일 동안 과목별로 공부한 시간의 균형이 맞는지 확인해야 합니다. 매일 과목별 공부 시간을 측정하고 일주일 동안의 공부 시간을 모두 더해 비교하세요. 공부 루틴이 형성되는 기간을 최소 한 달로 잡고, 그동안은 시간을 재는 것이 귀찮아도 직접 측정하고 계산해보아야 합니다. 균형이 잘 맞지 않는 과목이 있다면 다음 주에는 더 확실하게 챙길 수 있도록 공부 계획을 보완해야 합니다. 한번 소홀해진 과목은 계속 우선순위에서 밀릴 확률이 높으니 주의하세요.

이렇게 세 단계를 거치며 자신의 약점을 마주하고 구체적으로 과목별 공부 시간을 분배하는 습관을 만들면 공부의 완성도가 단숨에 올라가는 것을 체감할 수 있습니다. 공부하기 싫은 과목도 꾸꾸하게 시간을 투자하다 보면 어느 순간 그 과목 공부에 익숙해진 여러분의 모습을 확인하게 됩니다. 수많은 멘티의 공부 습관을 바로 잡아주며 과목별 공부 시간 분배 습관만 개선해도 엄청난 효과를 보는 학생들을 많이 보았습니다. 저를 믿고 기적을 만들 여러분을 응원합니다.

06 오래 지치지 않는 공부 마인드를 가져라

이번 장에서 소개한 세 가지 기본 습관과 일일 및 주간 공부 루틴 만드는 법, 그리고 과목별 공부 시간 분배 노하우를 완벽하게 여러분의 것으로 받아들였다면 공부를 제대로 시작할 준비가 끝났습니다. 하지만 그전에 여러분에게 꼭 전해주고 싶은 이야기가 남았습니다. 남들과 비교하지 말고 여러분의 상황을 주기적으로 점검하며 더 나은 길이 없는지 끊임없이 탐색하라는 것입니다. 이를 위해 여러분이 공부할 때 꼭 새겨야 할 마인드를 정리하며 제 경험담을 솔직하게 소개하려고 합니다. 공부를 위한 올바른 마인드가 무엇인지 이 책을 통해 미리 접한 여러분은 어떤 상황에 닥쳐도 빠르게 털고 회복할 것이라고 확신합니다. 공부라는 길고 오랜 싸움 속에서 지치지 않고 버틸 수 있는 기적 같은 힘을 선물해드리겠습니다.

언제나 공부를 잘하는 학생일 수만은 없다

초등학교, 중학교, 고등학교로 올라갈수록 과목별로 다루는 내용과 양에는 큰 차이가 발생합니다. 특히 고등학교에 입학한 후 학년이 올라갈수록 배우는 내용의 난이도 차이를 체감하고 한계에 부딪힌 학생도 많을 것입니다. 여러분은 언제나 공부를 잘하는 학생일 수만은 없습니다. 객관적인 환경과 요소가 바뀐 만큼 여러분의 공부 방법과 습관도 이에 맞춰 변화해야 합니다. 그렇지 않으면 당연히 성적은 떨어지고 원래 위치를 유지하기 힘듭니다.

실제로 저는 고등학교 1, 2학년 동안 영어 모의고사에서 100점을 놓쳐본 적이 없습니다. 그런데 고등학교 3학년이 되자 3월 모의고사부터 7월 모의고사까지 80점대의 점수를 받았습니다. 처음에는 현실을 외면하면서 수능 전까지 예전 성적으로 되돌아올 것이라는 막연한 희망만 품고 있었습니다. 만년 100점에서 80점까지 떨어지는 점수를 보고 '공부법이 아직 고2 수준에 멈춰 있어서 그래. 수능 영어에 맞게 방법을 조금만 바꿔서 공부하면 성적을 높일 수 있어.'라고 응원해준 선생님이 아니었다면 저는 '영어 모의고사에서 항상 100점만 받던 학생'이라는 이름 속에 저를 가두고만 있었을 것입니다.

비슷한 시기에 멘토링을 진행했던 예비 고1 A학생과 B학생이 기억납니다. A학생은 "중1 때 전교 6등까지 올라갔던 기억이 있어요. 이를 자극제 삼아 더 열심히 공부해서 고등학교 때는 최상위권을 유지하고 싶어요. 멘토님이 많이 도와주세요."라고 말했고, B학생은 "분명히 중1 때는 상위권에 있었는데 갑자기 성적이 떨어진 이유가 무엇일까요? 친구들이랑 비교돼서 너무 짜증 나고 아무것도 하기 싫어요."라고 말했습니다. 물론 두 학생 모두 공부 습관을 개선하고 원하는 대학에 합격했지만, 자신이 언제나 공부를 잘할 수만은 없음을 받아들이고 동기 부여를 받았던 A학생이 더 빠른 성장 속도를 보이고 더 높은 곳까지 올라갔습니다. 여러분은 두 학생 중 어떤 유형의 사람이 되고 싶으신가요?

나에게 더 엄격하고 확실한 기준을 적용하라

여러분의 친구가 공부하기 싫다며 고민을 털어놓는 상황을 가정해봅시다.

"열심히 해야겠다는 마음은 있는데 집에 오면 눕고 싶고, 밥 먹고 나면 유튜브를 보고 싶어. 어떻게 해야 하지?"

"그건 애초에 열심히 하겠다는 마음이 아니지. 누워서 유튜브만 보는데 공부할 시간이 어딨어?"

남이 어떤 행동을 하는 것을 보았을 때 바람직하지 않다는 생각이 든다면 그 습관을 여러분이 가지고 있지 않은지 돌아보아야 합니다. 객관적이고 엄격하며 확실한 기준을 남이 아닌 본인에게도 적용해야 한다는 것입니다. 집에 와서 공부하지 않고 쉬는 것, 밥 먹고 나서 유튜브나 SNS를 하며 시간을 흘려보내는 것에 대해 '오늘까지만'이라는 말로 합리화하고 있지는 않은지 생각해보세요. 스스로 관대하고 여유로운 기준만 적용하다 보면 무엇이 문제인지, 어떤 습관을 개선해야 하는지 정확히 알 수 없습니다. 문제를 마주하지 못하면 당연히 이를 극복해낼 정답도 찾을 수 없습니다.

내려가는 것과 돌아가는 것을 두려워하지 마라

"목표는 최대한 높게 잡아라."라는 말이 있습니다. 하지만 목표나 기대치가 너무 높으면 오히려 공부에 대한 흥미가 떨어지고 원하는 만큼 나오지 않는 결과에 좌절하게 됩니다. 그래서 목표를 눈높이에 맞게 낮추거나 이미 지나온 길을 되돌아가야 할 때도 있습니다. 더 낮은 곳으로 내려가는 것, 전진이 아닌 뒤로 돌아가는 것이 당장 부끄럽고 괴롭더라도 체면과 자존심 때문에 잘못된 선택을 한다면 올라갈 때와 앞으로 나아갈 때를 놓치게 됩니다.

중학교에서 항상 전교 5등 안에 들던 저는 영어 학원에 등록하러 갔다가 큰 충격을 받았습니다. 레벨 테스트 결과, 기존에 학원을 다니던 다른 친구들보다 한 단계 낮은 반으로 배정되었기 때문입니다. 내신 등수가 낮은 친구들보다 한 단계 아래의 수업을 들어야 한다는 사실은 어린 나이의 저에게 받아들이기 힘든 상황이었습니다. 그때 선생님께서 내신 성적을 감안해 더 높은 반에 배정해주겠다는 제안을 하셨고, 마음 같아서는 바로 그렇게 하고 싶었습니다. 하지만 무언가 걸리는 것이 있었습니다. 당장 체면만 생각해 높은 위치만 추구하다 보면 목표를 설정하고 노력해 스스로 올라가는 방법을 배울 기회는 없을 것 같았습니다.

고민 끝에 처음 배정받은 반에서 수업을 듣기 시작했고, 레벨 테스트 결과 어휘력이 부족함을 알게 되어 이를 보완하기 위해 성실하게 수업에 참여했습니다. 결과적으로 저는 학원에 다니던 그 어떤 학생도 넘볼 수 없을 만큼 높은 영어 실력을 만들었습니다. 진짜 성장을 위해 눈 딱 감고 내렸던 결정이 최고의 선택이 된 것입니다. 공부는 남에게 보여주기 위함이 아니라 여러분을 위해 하는 것입니다. 내려가는 것과 돌아가는 것을 두려워하지 않는 연습을 실천하세요.

공부하면서 너무 힘들어 금방이라도 포기하고 싶을 때마다, 긴 싸움에 너무 지쳐서 주변의 어떠한 응원도 와닿지 않을 때마다 이 책을 펼쳐 세 가지 마인드를 몇 번이고 반복해서 읽어보세요. 지금 당장 손에 잡히고 눈에 보이는 것이 없어도 포기하지 않고 끝까지 달릴 수만 있다면 목표를 달성하는 날은 반드시 옵니다.

한눈에 보는 첫 번째 기적

- 무조건 완벽한 공부만 제대로 된 공부라는 생각을 내려놓고 부딪히는 것에 의의를 두세요. 이번 장에서 알려준 공부 루틴뿐만 아니라 앞으로 알려줄 공부 습관, 과목별 공부법, 입시 전략 모두 여러분이 시행착오를 거쳐 직접 자신에게 맞는 방향을 찾아 나가는 것이 중요해요.

- 올바른 수면 패턴과 효율적인 시간 관리 습관은 공부 루틴을 만드는 데 가장 기본적이면서도 중요한 습관이에요. 본격적으로 시간을 쪼개고 공부 계획을 배치하기 전에 반드시 만들어놓고 시작하세요!

- 여러분이 활용할 수 있는 시간을 정확히 파악한 후 시간대별로 공부 계획을 배치해 일일 공부 루틴을 만드세요. 과목별 공부 균형을 유지하는 방향으로 주간 공부 루틴도 함께 설정해보세요. 두 가지 루틴은 독립적인 요소가 아닙니다. 한 번에 만들어야 더 효율적으로 시간을 활용할 수 있습니다.

- 성적이 잘 나와서 공부할 맛 나는 과목보다는 어렵고 성적이 잘 안 나오는 과목에 시간을 더 많이 투자하세요. 후자에 집중하기 어렵고 힘들다는 것에 공감하지만 이를 잘 참고 버티는 사람이 결국 성취 경험을 이루게 됩니다.

공부 루틴 설정 시 도움 되는 목표 모음

고대생의 한마디

공부 루틴을 만들 때 여러분만의 소소한 목표를 정하면 공부 의지를 더 끌어올릴 수 있어요. 제가 학창 시절에 직접 활용했던 여러 가지 목표들을 카테고리별로 정리해두었으니 __ 안에 자신의 목표 숫자를 넣어 적절하게 활용해보세요 :)

공부 습관 목표

- 매일 최소 ____ 시간 이상 공부하기
- 월 공부 시간 합계 ____ 시간 이상 달성하기
- 데이오프 월 ____ 회 미만으로 유지하기
- 적어도 ____ 시부터는 공부 꼭 시작하기
- 학교 수업 내용은 배운 당일 바로 복습하기
- 미루지 말고 매일 스터디 플래너 작성하기

생활 습관 목표

- 하루에 ____ 시간 이상 충분히 자기
- 하루 스마트폰 ____ 시간 미만으로 사용하기
- 필요하지 않을 때 전자기기 들여다보지 않기
- 5층 이하 건물은 계단으로 오르내리기
- 자기 전 오늘의 잘한 점과 부족한 점 생각해보기

학교/성적 관련 목표

- 점심시간 ____ 분은 공부 시간으로 쓰기
- 교내활동 ____ 개 이상 참여하기
- 모의고사 평균 ____ 등급 달성하기
- 중간고사(기말고사) 평균 ____ 등급 달성하기
- 모르는 내용은 학교 선생님께 적극적으로 물어보기

기타 목표

- 방학 중 진로 관련 도서 ____ 권 이상 읽기
- 꾸준히 실천할 수 있는 부담 없는 운동 찾기
- 나만의 스트레스 해소 방법 찾기
- 가고 싶은 학교 및 학과 자세히 알아보기

가볍게 따라 할 수 있는 **공부법** 모음

고대생의 한마디

공부 루틴과 목표를 확실히 정하면서 올바른 공부에 내딛는 첫걸음을 응원하면서, 여러분이 부담 없이 간단하게 실천할 수 있는 공부법을 정리해보았어요. 여러분이 만든 공부 루틴 사이사이에 끼워 넣어보세요. 여러분에게 잘 맞는지 안 맞는지는 직접 해봐야 알 수 있답니다. '실천할 용기', 기억하고 있죠?

공부를 시작하기 힘들 때, 〈5분 타이머 공부법〉

① 아날로그 타이머나 스마트폰 앱으로 5분 설정 후 공부를 시작한다.

② 더도 말고 덜도 말고 딱 5분이라는 생각으로 최선을 다해 집중한다.

③ 5분이 지나고 타이머가 울리면 미루지 않고 공부를 시작했다는 점을 스스로 칭찬하며 '이왕 시작했는데 조금만 더 공부해볼까?'라는 생각을 한다.

공부 습관이 잡히지 않아 집중이 어려울 때, 〈뽀모도로 공부법〉

① 평소 자신이 최대로 집중력을 유지할 수 있는 시간이 몇 분(시간)인지 생각해본다.

② 목표 집중 시간과 쉬는 시간을 하나의 세트로 묶는다.
ex) 40분 공부 집중 + 10분 휴식 = 50분이 한 세트!

③ 세트를 이어서 여러 번 반복한다. 익숙해지면 집중 시간을 늘린다.

지금 당장 공부가 쉬워지는 미라클 솔루션

더 자세히 알아보는 뽀모도로 공부법

정식 명칭은 뽀모도로 기법(Pomodoro Technique)으로, 1980년대 후반 프란체스코 치릴로(Francesco Cirillo)가 우연히 토마토 모양의 타이머를 보고 제안한 시간 관리 방법입니다. 기본 원리는 25분 동안 할 일에 집중하고 5분 동안 쉬는 루틴을 '1뽀모도로'로 설정해 이를 4번 반복한 후 30분을 쉼으로써 집중력을 높입니다. 공부법으로 활용할 때는 집중 시간을 25분~50분 범위에서 자유롭게 설정할 수 있습니다.

기적을 향한 작은 움직임

암기에 시험 준비까지 1+1, 〈메모지 노트 공부법〉

① 암기할 내용을 나만의 언어로 정리해서 접착 메모지에 요약해 적는다.
② 책상 앞이나 스터디 플래너 표지 등 잘 보이는 곳에 붙이고, 눈에 보일 때마다 소리 내어 읊으며 머릿속에 저장한다.
③ 하루 공부가 끝나면 그날의 메모지를 모두 떼서 노트에 옮겨붙인다.
④ 노트에 옮겨 붙일 때 메모지 내용이 잘 외워졌는지 점검한다. 아직 외워지지 않은 내용은 메모지를 다시 밖에 붙여두고 다음 날 똑같이 확인한다.
⑤ 메모지를 모아둔 노트는 시험 기간에 나만의 비법 노트로 활용한다.

한 번에 10회독 할 수 있는 기회, 〈SR 공부법〉

① 내용이 완전히 이해되지 않더라도 가벼운 마음으로 본문을 연필 또는 샤프로 밑줄 치며 3번 읽는다.
② 본문 내용 중 중요한 문장이나 키워드를 형광펜으로 표시하며 2번 읽는다.
③ 형광펜으로 표시한 중요한 문장 및 키워드를 눈에 담으면서 빠르게 5번 읽는다.

지금 당장 공부가 쉬워지는 미라클 솔루션

더 자세히 알아보는 SR 공부법

학습자의 부담을 줄이면서도 학습 효과를 높이기 위해 임성룡 씨가 개발한 방법으로, soft review(연반추)를 줄여 SR 공부법이라는 이름이 붙었습니다. SR 공부법은 총 세 단계로 구성됩니다. 첫 번째 단계인 연반추의 원리는 부드럽게 반추한다는 뜻으로 학습 자료를 스트레스 없이 편하게 복습해 반복 학습의 효율을 높입니다. 두 번째 단계인 시스템 독해 원리는 학습 단계가 높아짐에 따라 학습 속도에 가속도가 붙어 빠른 이해를 돕습니다. 마지막 단계로 집중-분산 학습 원리는 한 번에 모든 내용을 기억하는 것이 아니라 시간 간격을 두고 반복하면서 체화한다는 규칙을 담고 있습니다.

암기형 내신 공부에 최적인 방법, 〈단원 공부법〉

① 시험 범위에 해당하는 부분의 대단원과 소단원 제목을 옮겨 적는다.

② 소단원 제목 옆에 각 소단원에서 반드시 기억해야 하는 키워드를 추려서 적는다.

③ 해당 키워드에 관해 어떤 문제가 출제되는지, 연관 있는 다른 소단원이나 키워드는 없는지 등을 생각하며 남에게 설명하듯 복습한다.

고대생 언니와의 미라클 티타임

작가님, 자기소개 부탁드립니다!

안녕하세요, 고려대학교에서 생명과학을 공부하면서 꿈을 위해 교직 과정을 함께 이수하고 있는 김채연입니다. '후배들에게 도움을 주는 선배가 되어야지.'라는 대학 합격 직후의 다짐이 시발점이 되어 공부와 입시에 대한 노하우를 전달하고 각종 콘텐츠를 만들어 제공하고 있어요. 벌써 햇수로 5년째가 되었네요. 앞으로도 더 많은 학생을 만나 그들의 가능성을 알아보고 함께 기적을 만들어주는 사람이 되고 싶습니다.

작가님이 생각하는 진정한 자기주도학습이란 무엇인가요?

자기주도학습의 핵심은 현재 위치와 앞으로의 목표를 고려해 무엇을 잘하고 있는지, 무엇이 부족한지 스스로 아는 것입니다. 요즘 많이들 알고 있는 '메타인지'죠. 그래서 제가 『올인원 공부법』에서 여러분의 평소 공부 루틴과 습관을 돌아보라고 조언하고, 공부할 때도 과목별 약점을 정확히 파악하고 보완해야 한다고 이야기하는 것입니다. 여러분이 주도해서 공부하는 만큼 공부하는 '나'에 대한 제대로 된 이해는 필수입니다.

작가님은 학창 시절에 어떤 학생이셨나요?

사실 저는 100% 모범생 스타일은 아니었던 것 같아요. 학년이 바뀌고 새로운 선생님들을 만날 때마다 "설마 네가 그 1등이야?"라는 질문을 매번 들을 정도였으니까요. 흔히 시험 기간만 되면 예민해지는 미디어 속 1등의 모습과는 완전 정반대였죠. '할 때 확실히 하고 놀 때도 확실히 놀자'라는 좌우명을 바탕으로 항상 긍정적으로 생각하고 밝게 생활한 덕분에 친구들과 좋은 관계를 유지하며 재밌는 추억도 많이 쌓고 스트레스를 거의 받지 않으면서 지냈습니다. 그래서 저는 학생들이 공부하느라 가족 여행을 가지 않거나 친구들과 전혀 시간을 보내지 않는다고 하면 그러지 말라고 조언하는 편이에요. 학창 시절에만 가질 수 있는 추억을 쌓는 것도 그때만 할 수 있는 일이니까요.

두 번째 기적

공부 습관 : ⟶

잘못된 습관은 빨리 바꿔라

앞서 알려드린 방법을 차근차근 따라 여러분의 공부 루틴을 만들었더라도 제대로 된 공부를 하기에는 아직 무리입니다. 공부 습관을 돌아보지 않았기 때문입니다. 공부할 때 계획을 세우는 것이 중요하다길래 무작정 쓰기 시작한 스터디 플래너, 어떻게 써야 하는지, 왜 쓰는 것인지 자신 있게 대답할 수 있나요? 자기주도학습이 중요하다는 말을 여러 번 들었을 여러분은 혼자서 정말 효율적으로 공부하고 있다고 확신하나요? 주변 사람들이 좋다고 말하는 인강이나 문제집만 무작정 따라 공부하고 있지는 않나요? 잘못된 공부 습관은 여러분이 알지 못하는 사이에 자리 잡았을 것입니다. 그래서 무엇이 문제인지 스스로 마주하기 쉽지 않습니다. 하지만 사소해 보이더라도 장기적으로는 치명적일 수 있는 잘못된 습관은 빨리 바꿔야 합니다. 공부 루틴과 습관을 제대로 만들어야 다음 장에서 소개하는 과목별 공부법을 확실히 소화할 수 있기 때문입니다.

✦

07 스터디 플래너는 일회성으로 작성하지 마라

멘토링 중 만났던 고등학교 1학년 김○○ 학생은 매일 스터디 플래너를 쓰며 어떤 과목 공부를 얼마만큼 했는지 꼼꼼하게 기록했습니다. 하지만 좋아하는 영어 공부만 매일 반복하다 보니 다른 과목 성적은 항상 제자리걸음이었습니다. 스터디 플래너를 작성할 때 전날 공부한 내용을 다시 확인하지 않고 그날 어떤 공부를 하고 싶은지만 생각했기 때문입니다. 플래너를 쓰기 전 이전 페이지를 다시 펼쳐 전날 어떤 공부를 했는지 확인하는 규칙을 만들어주니 그제야 김○○ 학생은 공부하지 않은 과목이나 미처 마무리하지 못한 공부 계획을 다음 날 1순위로 두고 실천하게 되었습니다.

스터디 플래너를 쓰는 학생은 많이 보았지만 제대로 활용하고 있는 학생을 본 기억은 손에 꼽습니다. 공부를 잘하려면 계획을 잘 세워야 한다고 해서 적기는 하는데, 스터디 플래너를 왜 써야 하는지를 정확히 알지 못하기 때문입니다. 스터디 플래너는 공부 계획을 예쁘게 정리해놓기 위해서 쓰는 것이 아닙니다. 전날 끝내지 못한 공부 계획은 없는지 확인하고 오늘은 어떤 과목을 얼마만큼 공부해야 하는지 전략을 세우기 위해 쓰는 것입니다. 여러분이 평소 어떻게 스터디 플래너를 쓰고 있었는지 생각하면서 잘못된 습관을 빠르게 개선해보세요.

스터디 플래너 작성 기본 원칙

① 전날 얼마나 어떻게 공부했는지 확인하라

당일 공부 계획을 세우기 전, 전날 작성했던 플래너 페이지를 다시 보면서 어떤 과목을 얼마만큼 공부했는지 확인해야 합니다. 공부하지 않은 과목은 없는지, 시간이 부족하거나 귀찮아서 미룬 과목은 없는지 위주로 점검하세요.

② 전날 못한 공부 계획을 0순위로 두어라

전날 미처 마무리하지 못한 공부 계획은 다음 날 플래너에 반드시 포함되어야 합니다. 전날 미룬 과목을 신경 써서 챙기지 않으면 다음에는 더 쉽게 미루고 외면하게 됩니다.

③ 공부 계획의 실천 순서를 정하라

본격적으로 공부를 시작하기 전에 공부 계획의 우선순위를 정하고 어떤 공부부터 수행해야 하는지 생각해보세요. 우선순위를 정할 때는 얼마나 중요한지, 얼마나 급한지가 기준이 됩니다. 저는 보통 전날 시간이 없어 손대지 못했던 과목이나 다음 날 학원이나 수행평가 일정이 있어 꼭 공부해야 하는 과목을 1순위로 설정했습니다.

공부 현황을 구체적으로 써라

스터디 플래너는 여러분의 공부 현황을 객관적으로 기록할 수 있다는 장점이 있습니다. 이를 적극적으로 활용해야 합니다. 공부 계획을 최대한 자세하고 구체적으로 적으면 시간이 흘러도 언제 어떤 공부를 얼마만큼 했는지 파악하기 쉽습니다. 앞으로는 단순히 '수학 문제 풀기'보다 '마플 시너지 52~57쪽 풀고 오답 정리하기'라고 적어보세요. 그리고 계획뿐만 아니라 현재 공부 진행 상황도 구체적으로 적어야 합니다. 공부 계획을 다 마무리하지 못하면 '△' 표시만 하고 넘어가는 것이 아니라 어디까지 공부했는지 기록하고, 다음 날 플래너 가장 첫 번째 칸에 옮겨 적어 1순위로 설정해두세요.

~~워드마스터 day 7, 8 암기 & 테스트~~ △
day 7 완료

좋아하는 과목 계획만 세우지 마라

스터디 플래너를 다 작성한 후 공부를 시작하기에 앞서 특정 과목에 치우친 계획을 세우지는 않았는지 반드시 점검하세요. 이 책에서 공부 루틴을 만들고 과목별로 공부 시간을 적절히 분배하는 방법을 가장 먼저 소개한 이유는 그만큼 균형 잡힌 공부가 중요하기 때문입니다. 아무리 오랜 시간 책상 앞에 앉아 있어도 과목별 불균형이 지속되면 원하는 결과를 만들기 어렵습니다. 성적이 낮고 공부하기 싫은 과목 하나를 무조건 포함해 적어도 세 과목 이상의 공부 계획을 세우세요.

하나의 계획을 여러 개로 쪼개 성취감을 높여라

무언가를 해냈다는 성취감은 엄청난 힘을 가집니다. 공부 과정에서 작은 성공 경험을 많이 할수록 더 큰 성공 경험을 향한 도전의 에너지를 얻을 수 있습니다. 분량이 많은 하나의 계획을 통째로 쓰는 것보다 여러 개로 나누어 적어보세요. 플래너에 더 많은 'O' 표시를 남길 수 있으면 성취감도 배로 늘어납니다. 이는 이제 막 공부를 시작하는 학생이나 부족한 공부 의지를 충전하고자 하는 학생들에게 특히 추천하는 방법입니다.

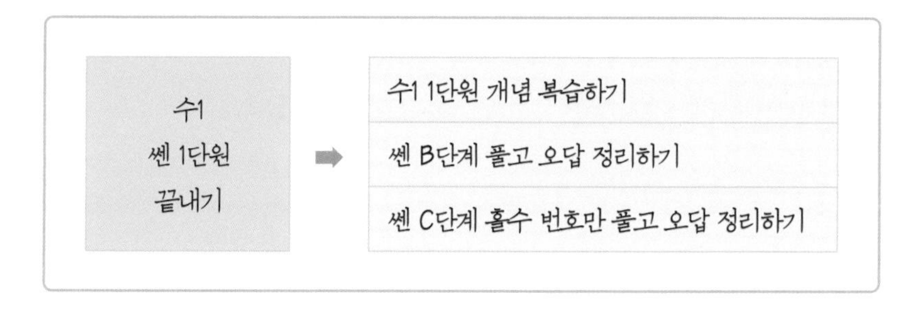

10분 타임테이블로 시간 활용도를 파악하라

스터디 플래너의 10분 타임테이블은 하루 동안 시간을 어떻게 활용했는지 직관적으로 확인할 수 있습니다. 그런데 이 좋은 기능을 제대로 활용하지 못하는 학생이 많고 여러분도 그중 하나일 가능성이 높다는 사실, 알고 계셨나요?

지금 당장 공부가 쉬워지는 미라클 솔루션

10분 타임테이블의 칸은 무슨 의미인가요?

10분 타임테이블은 하루 24시간을 10분 단위로 나눈 것으로, 시간별 6개의 칸으로 구성됩니다. 예를 들어 숫자 '11'에 있는 6개의 칸은 각각 11시~11시 10분, 11시 10분~11시 20분 … 11시 50분~12시를 의미합니다.

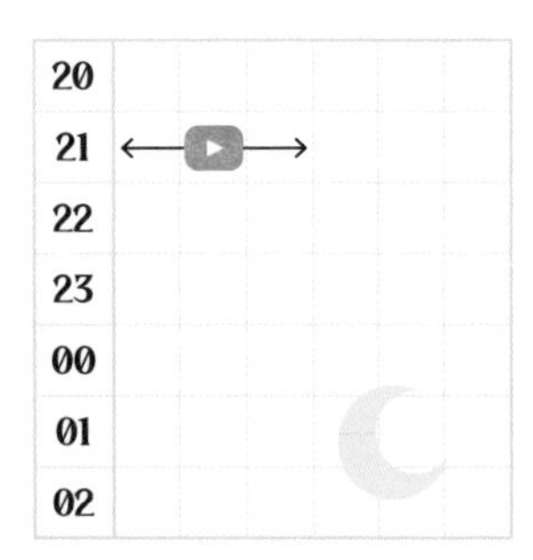

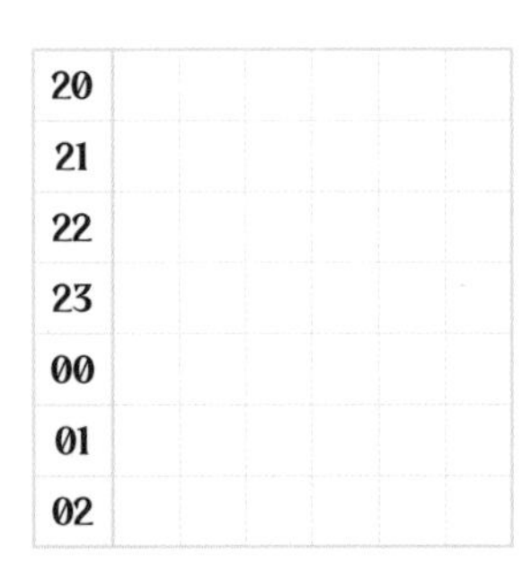

C학생의 10분 타임테이블과 D학생의 10분 타임테이블

시간 활용을 잘하는 C학생과 그렇지 못한 D학생은 10분 타임테이블을 기록하는 방식에서 큰 차이가 납니다. 대다수 학생은 D학생처럼 공부

한 시간만 표시하지만 공부를 잘하는 학생은 공부하지 않은 시간에 무엇을 했는지 함께 적습니다. 공부 외 시간을 공부 시간으로 전환하는 방법을 고민하기 위함입니다. 예를 들어 C학생은 저녁 시간에 유튜브 영상을 보느라 30분 정도를 낭비한 것을 확인하고 '내일은 스마트폰을 사물함에 넣어서 보지 않도록 해야겠다.'라고 다짐하고 다음 날 시간 활용도를 더 높입니다. 앞으로 여러분도 10분 타임테이블에 공부 시간과 공부 외 시간을 어떻게 활용했는지를 모두 표시하고 공부 습관 목표를 재정비해보세요. 10분 타임테이블을 제대로 작성하기 시작하면 여러분이 마주할 나태한 자신의 모습과 흘려보낸 시간에 불편함이 느껴집니다. 하지만 습관을 바로 잡기 위해서는 이 불편함을 마주할 용기가 필요합니다.

스터디 플래너는 정말 좋은 공부 도구이지만 제대로 쓰지 않으면 오히려 작성하는 시간만 아깝습니다. 스터디 플래너 작성 습관을 조금 더 효율적이고 효과적으로 바꿔보세요. 부족한 과목에 더 집중할 수 있고 시간을 알차게 활용할 수 있다는 점에서 공부 습관 자체가 완전히 달라질 것입니다.

08 좋은 습관을 만들기 위해 딱 30일만 버텨라

새로운 습관을 만들기 위해서는 적어도 한 달 이상 꾸준히 실천해야 합니다. 이전까지 하지 않던 행동을 몸이 기억하게 만드는 데까지는 당연히 그만큼의 시간과 노력이 필요합니다. 그런데 대다수 학생에게는 매일 목표 행동을 실천했는지 확인해주는 사람이 없습니다. 당장 그 습관에 익숙해지지 않아도 큰 문제가 없는 것처럼 보이기도 합니다. 그래서 변화를 위한 의지를 충전하는 것이 가장 큰 장애물입니다. 습관을 만들 때 가장 중요한 '반복 실행'을 가능하게 하려면 해빗트래커를 적극적으로 활용해보세요.

① 만들고 싶은 공부 습관을 정하라

습관으로 만들고 싶은 행동을 목표로 설정하세요. 실천 가능성을 고려해 처음부터 너무 과한 목표를 설정하지 않아야 합니다. '공부 시간 늘리기', '일찍 일어나기'와 같은 추상적인 표현보다 '매일 5시간 이상 공부하기', '아침 7시 전에 일어나서 씻기'와 같이 구체적인 내용을 담아 설정하세요.

② 목표 달성 시 나만의 보상을 걸어라

한 달 30일 중 목표를 달성한 날이 며칠인지를 기준으로 여러분에게 매력으로 다가오는 보상을 설정하는 것이 해빗트래커의 핵심 원리입니다. 보상 기준은 적어도 20일 이상 목표를 달성했을 때로 설정하세요. 마음을 잡고 새로운 습관을 만들어보겠다고 힘든 도전을 시작한 만큼 달성한 날을 최대로 늘려야 합니다.

③ 목표 달성 여부를 매일 기록하라

매일 목표 달성 여부를 해빗트래커에 '✓' 또는 '×' 표시해 기록하세요. 한 달을 어떻게 보냈는지 직관적으로 한눈에 확인할 수 있습니다. 꾸준히 해빗트래커를 작성하다 보면 더 많은 칸에 '✓' 표시하기 위해서라도 마음을 다잡고 책상 앞에 앉아 공부를 시작하는 여러분의 모습을 볼 수 있을 것입니다.

하루 30분 복습	✓	✓	✓	✓							20일 + 딸기케이크 사 먹기

해빗트래커는 귀찮고 하기 싫은 행동이라도 끝까지 버티고 꾸준히 실천할 때 득이 되는 '보상 심리'를 활용하는 방법입니다. 이는 매일 목표 달성 여부를 스스로 쉽게 점검할 수 있기 때문에 다른 사람의 도움을 필요로 하지 않습니다. 그리고 보상을 노리며 완주 의지를 매일 충전할 수 있다는 점에서 새로운 습관을 만드는 가장 빠르고 효과적인 방법입니다. 꾸준한 습관 실천과 확실한 보상으로 여러분의 공부 습관이 변화하는 그날을 함께 응원하겠습니다.

지금 당장 공부가 쉬워지는 미라클 솔루션

고대생 언니가 직접 만든 해빗트래커 양식

제가 직접 제작해 학생들에게 나누어주었던 해빗트래커 양식을 공유합니다. 이외에도 '해빗트래커 양식' 키워드를 포함해 인터넷에 검색하면 다른 무료 양식을 쉽게 찾을 수 있습니다.

09 독학할 때 공부하는 나와 관리하는 나를 나눠라

자기주도학습의 중요성이 강조되는 오늘날에는 집에서도 쉽게 얻을 수 있는 각종 공부 자료와 검색만 하면 나오는 여러 공부법 정보를 활용해 혼자 공부하는 '독학러'가 늘었습니다. 독학의 장점은 자신에게 맞는 공부법과 습관을 찾으면 효율을 극대화할 수 있고, 학원까지의 이동 시간 등 길거리에서 낭비하는 시간을 아껴 공부에 그대로 투자할 수 있다는 것입니다. 그렇기에 본인에게 맞는 공부법과 습관을 모르는 학생이 무작정 독학에 도전하면 대부분 시간만 낭비하고 실패합니다. 지금부터 여러분이 혼자 공부하면서 겪었을 다양한 문제 상황들을 살펴보고, 효율적인 독학 습관을 만들기 위해 무엇을 보완해야 하는지 알아보겠습니다.

비효율 독학 특징 1 모든 것을 혼자 해결하려고 한다

멘토링 중 만났던 고등학교 3학년 강○○ 학생은 전 과목을 학원 수업을 듣지 않고 혼자 공부하는 학생이었습니다. 하루는 수학 공부 계획에 시간을 많이 투자한 나머지 다른 과목 공부 계획에 전혀 손대지 못했다는 사실을 알게 되었고, 저는 수학에 과하게 많은 시간을 투자한 이유를 물었습니다. 강○○ 학생은 "어려운 문제가 나왔는데 어떻게 풀어야 하는지 몰라서 몇 시간을 그 문제에만 매달려 있었어요."라고 대답했습니다. 물론 공부할 때 여러분이 무엇을 모르는지 정확히 파악하고 이를 해결하기 위해 스스로 고민하는 자세는 정말 중요합니다. 그러나 너무 과한 책임감은 자립이 아닌 고립을 불러일으킵니다. 고립된 공부는 학습 속도를 느리게 하고 공부에 대한 자신감을 떨어뜨립니다.

효율 독학 규칙 1 모르는 것은 적극적으로 질문하라

공부 중 이해가 안 되는 내용이 있거나 잘 풀리지 않는 문제가 있다면 혼자 고민할 시간을 딱 정해두고 여러 풀이 과정을 적용해보세요. 그래도 해결되지 않을 때는 학교 선생님이나 인강 Q&A 게시판을 활용해 적극적으로 질문해야 합니다. 그리고 질문을 할 때는 이해가 안 되는 부분을 정확히 설명해야 합니다. 독학의 효율은 물어보는 것을 두려워하지 않는 자세로부터 나옵니다. 강○○ 학생에게 스스로 고민하는 시간을 충분히 확보하되 주변 도움을 적극적으로 활용하라고 조언했습니다. 질문하는 습관을 만들고 나서부터는 특정 과목에 너무 오랜 시간을 쓰지 않았고, 과목별 균형을 되돌려 효율적으로 공부하는 모습을 보여주었습니다.

비효율 독학 특징 2 자신의 위치를 알려고 하지 않는다

나름의 노력을 기울였음에도 실력이 제자리라는 사실을 마주하는 것은 괴로운 일입니다. 하지만 절대 피해서는 안 됩니다. 학원이나 과외에서는 수업마다 과제를 내고 과제 수행 여부를 확인합니다. 주기적으로 시험을 보면서 여러분의 현재 위치를 알 수 있는 환경을 만들어주기도 합니다. 하지만 독학은 여러분이 제대로 공부하고 있는지 스스로 판단할 명확한 기준이 없습니다. 그런데 여러분이 스스로 어디에 위치하는지 모른다면 앞으로 무엇을 해야 하는지도 알 수 없습니다.

책 길잡이

자신의 위치를 직면하는 것이 여전히 두렵다면 1장 마지막 챕터로 돌아가 공부할 때 꼭 가져야 하는 세 가지 마인드를 다시 읽어보세요. 두려움을 내려놓는 순간부터 더 높은 곳으로 올라갈 준비가 시작됩니다.

효율 독학 규칙 2 자체 시험을 통해 스스로 점검하라

그래서 독학을 할 때는 자신의 위치를 정확히 알 수 있도록 자체 시험을 보며 주기적으로 점검해야 합니다. 실제로 저는 학원이나 과외를 거의 다니지 않고 자기주도학습을 실천했지만 실력 점검의 중요성과 시험의 진짜 목적을 누구보다 잘 알고 있었습니다. 제대로 공부했다면 충분히 풀 수 있는 문제들, 확실히 외웠다면 자연스럽게 설명할 수 있는 개념들을 마치 시험을 보듯 점검했습니다.

지금 당장 공부가 쉬워지는 미라클 솔루션

과목별 자체 시험, 이렇게 해보세요!

- 국어: 국어 작품 공부 → 지문 텍스트 인쇄 → 주제, 주요 표현 기법, 출제 포인트 등 스스로 작품에 대한 정리가 가능한지 점검하며 필기하기
- 수학: 수학 소단원 마무리 → 문제집 소단원 평가 활용 또는 공부 자료 사이트에서 소단원 종합 문제 인쇄 → 목표 풀이 시간 및 정답률 설정
- 영어: 영어 단어 암기 → 한글 가리고 단어만 보며 뜻 기억하는지 점검 → 못 외운 단어는 메모지에 옮겨 적어 눈에 잘 띄는 곳에 붙이기 → 동일한 방식으로 다음 날 다시 점검하기

비효율 독학 특징 3 하지 않아도 아무도 신경 쓰지 않는다

정해진 시간에 학원에 가지 않으면 휴대폰에 불이 나기 시작하고 부모님께 연락이 갈지도 모른다는 생각에 억지로라도 가야 합니다. 하지만 독학은 얼른 책상에 앉아 공부를 시작하라고 말해주는 사람이 없다는 것

이 큰 문제입니다. 단적인 예로 중 · 고등학생이 인강 하나를 끝까지 수강하는 비율이 15%가 채 되지 않는다는 수치만 보더라도 강제성이 없으면 공부 습관을 만들기 어렵다는 것을 알 수 있습니다. 자율성은 독학의 본질이지만 이로 인해 습관이 잡히지 않는다면 시간을 효율적으로 활용할 수 없습니다.

효율 독학 규칙 3 공부하는 나와 관리하는 나를 구분하라

그래서 저는 학생임과 동시에 선생님의 역할을 대신하기로 했습니다. 공부하는 나와 관리하는 나를 구분하는 것입니다. 정해진 시간에 시작하고 끝나는 학원 수업처럼, 어떤 과목 공부를 언제 시작하고 언제 끝낼 것인지 시간표를 만들어 한눈에 정리했습니다. 자꾸 공부를 미루는 과목은 시작 시간에 스마트폰 알람을 맞춰두어 강제성을 부여했습니다. 공부 진도에 따라 기초반, 개념반, 심화반 등의 이름을 붙이는 등 저만의 시간표 작성 스타일을 만들어 재밌게 공부했습니다. 특히 인강을 듣다 보면 다음 강의를 듣기 전까지 풀어야 하는 문제 범위를 정해주는 경우가 있습니다. 풀었는지 아무도 확인하지 않지만 제대로 풀고 넘어가지 않으면 다음 강의를 이해하기 어렵기 때문에 학원 숙제와 같은 과제라고 생각하고 시간표에 추가했습니다. 그리고 다음 강의를 듣기 전까지 반드시 마무리했습니다. 이처럼 이왕 선생님이 되기로 했다면 공부하는 나를 확실하고 철저하게 관리하세요. 시간표를 확인할 때마다 다음에 할 공부를 기대하고 기다릴 수 있게 만드는 것입니다.

	월	화	수
16:00 - 17:30		생명과학Ⅰ 개념반 (인강 듣기)	수학Ⅰ 심화반 (기출 문제 풀기)
17:30 - 18:30	수학Ⅰ 기초반 (교과서 문제 풀기)	생명과학Ⅰ 개념반 숙제	
18:30 - 19:30	저녁 식사		
19:30 - 21:00			수학Ⅰ 심화반 나머지 공부 (틀린 기출 문제 다시 풀기)

10 나에게 도움 되는 학원/과외 수업을 골라라

이 책을 읽는 대다수가 현재 학원 또는 과외 수업을 듣고 있거나 한 번쯤 들어본 적이 있을 것입니다. 여러분은 학원이나 과외 수업을 어떤 기준으로 선택하고 있나요? 주변 친구들이 많이 다니니까, 친한 친구가 수업을 듣고 성적이 올랐으니까 골랐던 기억이 대부분일 것입니다. 하지만 여러분이 내는 수업료가 아깝지 않도록 학원 및 과외 선택 기준을 확실히 정하고 이에 맞게 신중히 선택해야 합니다. 여러분에게 정말 도움이 되는 수업을 듣기 위함입니다.

Q1. 학원 또는 과외 수업 형태가 나의 공부 성향과 잘 맞는가?

자신의 공부 성향을 고려하지 않고 학원 또는 과외 수업에 수동적으로 참여하지 마세요. 여러분의 공부 성향에 따라 학원 또는 과외 수업 형태도 달라져야 합니다. 여러분이 여러 사람과 함께 공부하면 오히려 주의가 산만해지거나 분위기에 휩쓸려 공부보다 친목에 쉽게 빠지는 편이라면 일대일 맞춤형 학원이나 개인 과외를 추천합니다. 반대로 주변 친구들과 함께 공부할 때 더 자극을 받는 성향이거나 친구들과 공부 내용을 묻고 답하며 배워가는 것이 많다고 생각한다면 학원 수업을 듣거나 그룹 과외를 알아보는 것이 좋습니다.

Q2. 학원 또는 과외 장소까지의 이동이 공부를 방해하지 않는가?

시간을 효율적으로 활용하기 위해서는 공부에 쓸 수 있는 절대적인 시간 자체를 늘려야 합니다. 그런데 학원이나 과외 수업을 받기 위해 이동하느라 길에서 보내는 시간이 너무 길면 공부 효율이 떨어집니다. 학원이나 과외 장소가 너무 멀거나 대중교통을 여러 번 갈아타야 하는 비효율적인 동선이라면 다시 생각해보세요. 거리가 멀다면 적어도 셔틀버스가 집 근처로 오는지 확인해야 합니다. 그리고 대중교통을 타고 이동하더라도 갈아탈 필요가 없는 곳, 30분 이내로 오고 갈 수 있는 곳이어야 합니다.

Q3. 학원 또는 과외 수업 수준이 현재 나의 위치와 비슷한가?

학원 또는 과외 수업을 새로 등록할 때, 배정받은 반의 현재 수업 진도와 사용하는 문제집, 선생님의 수업 특징 등을 구체적으로 물어보세요. 만약 수업 진도가 여러분이 공부했던 속도와 맞지 않거나 수준에 맞지 않는 교재를 사용한다면 여러분에게 맞는 수업을 다시 찾아야 합니다. 너무 쉬운 수업을 들으면 얻을 수 있는 것이 없고, 너무 어려운 수업을 들으면 공부에 대한 자신감이 낮아져 오히려 역효과를 줍니다.

Q4. 선생님이 학생들과의 소통에 적극적인 편인가?

고등학교 1학년 정○○ 학생은 학원에 다니며 오히려 영어 성적이 더 떨어져 영어 독학을 선택한 학생이었습니다. 학원 선생님께 수업 속도가 너무 빨라 이해하기 어렵다고 여러 번 말했지만 "이렇게 공부해야 실력이 오르는 거야."라는 대답과 함께 아무것도 바뀌지 않았고, 결국 성적은 계속 떨어졌습니다. 수업 방식, 진행 속도, 숙제 분량 등에 대한 학생의 피드백을 적극적으로 수용하는 선생님이 좋은 수업을 합니다. 여러분이 고민하는 학원 또는 과외 수업을 실제로 받아본 사람이 주변에 있다면 솔직한 후기를 듣고 결정하는 것이 현명합니다.

Q5. 수업 이외에 공부에 도움이 되는 요소가 있는가?

제가 다녔던 영어 학원은 숙제를 끝내지 못했거나 단어 시험에서 일정 점수 이상을 넘기지 못하면 정규 수업 시간이 끝나고 나머지 공부를 시켰습니다. 요즘은 수업이 끝나고 조교에게 자유롭게 질문을 하며 모르는 부분을 해결할 수 있는 학원도 많습니다. 학원이나 과외 수업을 고를 때는 공부 습관을 만드는 데 도움이 되는 부가적인 서비스가 함께 제공되는지 확인하세요. 최대한 여러분에게 많은 시간을 투자할 곳이어야 합니다.

여러분은 어떤 과목을, 어떤 수준에서, 어떻게 가르치는 학원 또는 과외 수업을 받고 있나요? 대다수 학생이 바쁘게 학원이나 과외 일정을 소화하면서도 자신이 어떤 수업을 받고 있는지, 정말 공부에 도움을 받고 있는지, 어떻게 해야 수업을 더 효율적으로 활용할 수 있을지 진지하게 생각해본 적은 없을 것입니다. 돈과 시간을 낭비하지 말고 여러분에게 도움이 되는 현명한 선택을 하세요. 학원 또는 과외 수업은 빠르고 정확하게 약점을 보완하고 성적을 올릴 기회로 활용해야 합니다.

11 현재 실력과 목표에 맞는 인강을 들어라

인강을 한 번도 들어본 적 없는 학생은 없지만 인강을 통해 모두가 도움을 받는 것은 아닙니다. '강의를 듣기 시작했는데 1강부터 너무 어렵다.'라는 고민을 수도 없이 많이 들었습니다. 수강 계획표를 만들고 매일 밀리지 않고 강의를 들어도 상황은 쉽게 나아지지 않았습니다. 학생들이 인강을 잘못 선택해도 한참 잘못 선택하고 있었기 때문입니다.

인강 수강 습관 체크리스트

- ☐ 유명하다는 선생님 이름값만 믿고 강의를 선택한 적 있다
- ☐ 주변 친구들이 다들 듣는다는 이유로 강의를 선택한 적 있다
- ☐ 강의를 선택할 때 관련 정보나 후기를 꼼꼼히 찾아본 적 없다
- ☐ 내 수준보다 강의 난이도가 높아 중간에 수강을 포기한 적 있다
- ☐ 인강을 들으며 실력이 채워진다는 느낌보다 시간을 낭비한다는 느낌이 들 때가 많다

위 항목 중 하나라도 표시했다면 여러분이 인강을 고르는 과정에서 분명 놓쳤던 포인트가 있을 것입니다. 저도 처음부터 저에게 잘 맞는 강의만 골라낼 수 있던 것은 아닙니다. 제가 직접 시행착오를 거치며 정리한 5가지 요소를 정리했으니 여러분이 인강을 선택하는 과정에서 자주 실수하는 부분이 있다면 이를 보완해보세요.

인강을 왜 들어야 하는지 그 이유를 확실히 하라

여러분이 인강을 들으며 공부하려는 이유가 무엇인지 생각해본 적 있나요? 혼자 공부하다가 이해가 되지 않는 개념이 있어서, 문제 풀이 스킬을 배우고 싶어서 등 인강이 필요한 이유를 명확히 해야 합니다. 그래야 인강을 듣고 얻을 수 있는 효과와 도움도 극대화됩니다. 단순히 '남들이 다 들으니까 나도 들어야지.'라는 생각보다는 여러분만의 이유를 찾아보세요.

현재 실력과 앞으로의 목표에 맞는 강의 유형을 정하라

여러분의 현재 성적과 목표 성적을 고려해 강의 유형을 정해야 합니다. 앞서 인강의 필요성에서 언급했듯이 기본 개념을 공부하고 싶은지, 문제 풀이 과정을 연습하고 싶은지, 고난도 문제를 대비하고 싶은지에 따라 선택할 수 있는 강의의 종류와 범위가 달라집니다. 어떤 유형의 강의를 들어야 여러분에게 가장 도움이 될지 생각해보세요.

남들이 좋아하는 '일타강사'만 찾지 마라

실력으로 유명한 선생님의 강의 완성도는 의심할 여지 없이 좋습니다. 하지만 그렇다고 해서 무조건 여러분에게 100% 맞을 것이라는 생각은 섣부른 판단입니다. 비슷한 맥락으로 친구들이 많이 듣는 강의가 좋은 강의일 수는 있어도 여러분에게 맞는 강의는 아닐 수 있습니다. 실제로 저는 고등학교 1학년 때 유명 수학 강사의 개념 강의를 듣다가 수업 방식이 맞지 않아 오히려 수학 공부에 대한 흥미가 떨어졌습니다. 이후 여러 강의를 직접 비교하며 유명세는 덜해도 제가 선호하는 방식의 수업을 진행하는 선생님을 만나 수학에 재미를 붙이고 성적을 단숨에 끌어올릴 수 있었습니다.

여러 후보 중 가장 잘 맞는 하나의 강의를 신중하게 선택하라

수강 목적과 현재 성적 및 목표를 고려해 3개 내외의 후보를 추립니다. 그리고 사이트에 나와 있는 강의 정보와 구성, 특징, 대상, 교재를 표로 정리해 각 후보 강의를 비교해보세요. 여러분이 그 강의를 통해 무엇을 얻을 수 있는지 파악하는 데 초점을 맞추면 여러분에게 맞는 강의를 더 쉽게 고를 수 있습니다. 최종 선택을 하기 전 오리엔테이션 또는 맛보기 강의를 들으며 수업 방식이 맞는지 반드시 직접 확인해야 합니다.

대체 강의는 빠르게 찾고 효율적으로 활용하라

신중하게 강의를 고르더라도 듣다 보니 잘 맞지 않는다는 것을 깨닫기도 합니다. 맞지 않는다는 것을 알면서도 계속 붙잡고 있는 것보다는 대체 강의를 찾아 다시 공부 의지를 끌어올리세요. 이때 새로운 강의 수강을 시작하기 전까지는 기존 강의를 계획대로 밀리지 않게 들어야 합니다. 그리고 새로운 강의를 처음부터 다시 듣는 것보다는 기존 진도 이후로 이어서 수강해야 효율을 챙길 수 있습니다.

12 나의 약한 부분을 채워줄 문제집을 풀어라

멘토링 중 만났던 고등학교 2학년 김○○ 학생은 국어 실력이 좋았지만 정해진 시간에 맞춰 문제를 푸는 것에 익숙하지 않아 모의고사 성적이 잘 나오지 않았습니다. 그래서 기존에 풀던 유형별 기출 문제집을 실전 감각을 익힐 수 있는 시험형 기출 문제집으로 바꾸도록 조언했습니다. 시간에 맞춰 문제를 푸는 연습을 반복하자 성적은 눈에 띄게 상승해 김○○ 학생은 고등학교 3학년 첫 모의고사에서 국어 1등급을 받았습니다.

여러분이 아무리 시간을 많이 투자해 문제집을 풀어도 성적이 오르지 않는 이유는 여러분에게 도움 되는 문제집이 아니라 엉뚱한 문제집을 사서 풀고 있었기 때문입니다. 문제집을 활용하는 방법을 모르는 경우는 앞으로 소개할 과목별 공부법에서 자세하게 다룰 예정이니 이번 챕터에서는 여러분에게 맞는 문제집을 제대로 고르는 노하우를 소개해드리겠습니다.

문제집을 살 때는 오프라인 서점에서 직접 비교하고 골라라

문제집을 살 때는 반드시 오프라인 서점에 직접 들러 책 구성과 내용을 직접 확인하고 비교하세요. 최종 구매 전 온라인 서점의 별점과 후기 기능을 활용해 어떤 사람이 해당 문제집을 활용해 도움을 받았는지 확인해야 합니다. 특히 여러분의 현재 성적과 문제집을 풀려는 이유가 비슷한 사람의 후기를 확인하면 실질적인 도움을 받을 수 있습니다.

국어

- 단순히 글 읽는 방법을 알려주는 책은 피하라

국어 공부 전 독해력을 길러야 한다는 목적으로 단순히 글 읽는 방법을 알려주는 책은 추천하지 않습니다. 글의 내용에 맞춰야 할 초점이 '글을 읽는 행위'에 맞춰질 수 있기 때문입니다. 국어가 어려운 이유는 '글을 읽지 못해서'가 아니라 '내용을 빠르고 정확히 이해하는 연습이 부족해서'입니다.

국어

- 유형 연습과 실전 대비 중 무엇이 필요한지 생각하라

갈래별(현대시, 현대소설, 고전시가 등), 유형별(예술, 과학, 사회 지문 등)로 다양한 문제를 많이 풀어보고 싶은지, 정해진 시간 안에 문제를 푸는 연습을 하고 싶은지 생각해보세요. 국어 공부를 처음 시작할 때는 따로 시간을 재지 않고 유형별 기출 문제집으로 글의 내용을 이해하는 연습부터 시작해야 합니다. 부족한 유형을 파악하고 보완하면 문제 풀이 시간은 자연스럽게 줄어듭니다.

수학

- 해설이 단계별로 나누어져 있는지 확인하라

수학 공부의 핵심은 해설 의존도를 낮추는 것입니다. 틀린 문제는 처음 본다는 생각으로 시작점에 다시 접근해야 하고, 여러 풀이법을 적용해 스스로 고민하는 시간을 가지세요. 이때 시작점을 잡지 못하거나 중간에 막히는 경우, 수학 공부에 너무 많은 시간을 쓰지 않기 위해서는 해설의 앞부분을 참고해 힌트를 얻은 후 이어서 고민해야 합니다. 그래서 문제집 해설이 단계별로 나누어져 있으면 오답 정리의 효율을 높일 수 있습니다.

책 길잡이

수학을 잘하는 학생은 틀린 문제가 있다고 무조건 해설을 펼치지 않습니다. 수학 문제집의 해설 의존도를 낮추는 방법에 대해서는 '세 번째 기적'에서 더 자세히 다루고 있습니다.

수학

- 해설 강의가 포함된 문제집을 골라라

수학 오답 정리를 할 때 해설을 보다 보면 '다음 과정이 왜 이렇게 되는 거지?'라는 생각이 들기도 합니다. 수학은 단계별로 풀이 과정을 따라가면서 여러 개념을 적용해야 하는 과목입니다. 그래서 글로 적힌 해설을 가장 이해하기 어려운 과목이기도 합니다. 수학 문제집을 고를 때 해설 강의를 제공하거나 인강 사이트와 연계되어 있는지 확인하면 오답 정리에 쓰는 시간을 줄일 수 있습니다.

영어

- 단어장은 기존에 알던 단어가 절반 이상인 것을 골라라

영어는 여러분이 일상생활에서 쓰지 않는 언어입니다. 그래서 무조건 처음 보는 새로운 단어만 찾아 외우려고 하면 쉽게 지치고 영어가 재미없는 과목으로 인식될 확률이 높습니다. 아는 단어와 모르는 단어가 적절히 섞여 있는 단어장으로 공부해야 외우는 데 필요한 시간이 줄고 단어 암기가 재밌어집니다.

영어

- 자주 틀리는 문제 유형을 모은 문제집을 활용하라

여러분이 특히 자주 틀리는 영어 문제 유형에는 어떤 것들이 있나요? 아마 빈칸 추론, 순서 맞추기, 문장 삽입 등 오답률이 높은 고난도 유형이라고 대답하는 학생이 대부분일 것입니다. 시중에는 이러한 고난도 유형만 모아 집중 학습 할 수 있는 문제집이 판매되고 있습니다. 이를 적극적으로 활용하세요. 절대평가 과목의 특성상 취약한 유형만 정확하게 공부해도 원하는 등급으로 성적을 올리기 쉽습니다.

사회/과학

- 개념 정리 페이지를 확인하라

사회나 과학은 개념을 얼마나 정확히 기억하고 있는지가 매우 중요합니다. 그래서 문제를 풀거나 선지 분석을 할 때 헷갈리는 개념이 보인다면 바로 짚고 넘어가야 합니다. 따라서 단순히 문제만 수록된 문제집보다는 단원별 개념 정리 페이지가 포함된 문제집을 고르세요.

공부해야 할 과목 수가 많아지고 문제집 두께가 두꺼워지면 여러 권을 들고 다니며 한 번에 펼쳐보는 것이 번거롭고 불편합니다. 특히 암기 과목 문제집은 한 권으로 개념과 문제 풀이를 모두 해결할 수 있어야 편리합니다.

오랫동안 꿈을 그리는 사람은

마침내 그 꿈을 닮아간다.

- 니체

한눈에 보는 두 번째 기적

- 스터디 플래너는 단순히 공부 계획을 예쁘게 기록하기 위해 쓰는 것이 아니에요. 지금까지 여러분이 어떤 과목을 얼마나, 어떻게 공부했는지 점검하고 앞으로의 공부 계획을 세우는 데 스터디 플래너를 적극적으로 활용하세요.

- 좋은 습관은 하루아침에 만들어지지 않아요. 적어도 30일 동안 꾸준히 노력해보겠다는 생각으로, 느리더라도 천천히 습관을 만들어보세요. 모르는 사이에 습관처럼 행동을 반복하는 자신의 모습을 볼 수 있을 때까지요!

- 독학의 장단점과 특성을 이해하면 관리가 소홀해진다는 점을 경계해야 할 필요를 느낄 거예요. 저는 혼자 공부하더라도 학원 수업처럼 저만의 시간표를 만들고 나름의 수업 이름을 붙이면서 학생이자 선생님처럼 행동하는 것이 큰 도움이 되었어요.

- 학원 또는 과외, 인강, 문제집을 고를 때 가장 중요한 기준은 정말 여러분에게 도움이 되는지입니다. 약점을 보완할 수 있는 선택을 할 때 실력이 오른다는 것을 꼭 기억해주세요!

기적을 향한
작은 움직임

고대생 언니의 깜짝 공부 응원 이벤트

고대생의 한마디

앞서 소개한 해빗트래커를 활용해 원하는 습관을 만들기 위한 30일의 여정을 시작할 준비가 되었나요? 목표를 설정하고 새로운 습관을 만들기 위해 도전하는 여러분을 위한 깜짝 이벤트를 준비했어요! 조금 더 효율적으로 공부해보겠다는 다짐을 한 여러분을 언제나 응원합니다 :)

해빗트래커 활용 이벤트 참여 방법

① 8챕터에서 소개한 해빗트래커 활용 방법을 읽고 이해한다.

② 2개 이상의 공부 목표와 그에 따른 보상을 정하고, 한 달 동안 실천 여부를 매일 표시한다.

③ 인스타그램 게시글 또는 스토리로 @ku._.cloud 계정을 태그해 나만의 해빗트래커 사용 후기를 남긴다. (비공개 계정의 경우 게시글 또는 스토리 업로드 후 캡처해 DM 보내주세요.)

④ 매월 1명의 당첨자가 되어 소정의 기프티콘과 응원 메시지를 선물로 받는다.

고대생 언니와의 미라클 티타임

성인이 된 지금도 도움 되는 습관이 있다면 무엇이 있을까요?

주간 계획을 세우고 하루 일정을 정리하는 습관은 대학 생활을 하거나 책 집필, 인스타그램 계정 운영 등 저만의 프로젝트를 진행할 때 큰 도움이 되고 있습니다. 지금도 저는 매주 일요일 밤이 되면 차주 목표는 무엇인지, 요일별로 무엇을 해야 하는지, 주말을 어떻게 활용할 것인지를 포함해 계획을 세워요. 학창 시절뿐만 아니라 시간을 알차고 효율적으로 활용하는 것은 어떤 일을 하든 가장 기본적이고 중요하기에, 여러분만의 루틴을 만들고 계획을 관리하는 습관은 공부를 넘어 앞으로 여러분의 삶을 위해 꼭 만들어두기를 바라요.

가장 만들기 힘들었던 습관은 무엇이었나요?

주말이나 방학에, 아침에 일어나서 바로 공부를 시작하는 것이 제일 힘들었어요. 평소에 잠이 많은 편이기도 하고, 일어나서 조금만 여유를 부려도 오전 시간이 훌쩍 지나가더라고요. 그래서 전날 밤에 미리 공부를 시작할 목표 시간을 정해두고, '내일 8시에 일어나서 9시까지는 꼭 책상 앞에 앉을 거야!'라는 생각을 되새기려고 노력했어요. 오전 시간을 얼마나 잘 보냈는지에 따라 오후 시간도 알차게 보낼 수 있기 때문입니다. 공부는 흐름이 정말 중요하거든요.

세 번째 기적

내신 공부 : ⟶

바쁜 학기 중에 효율을 챙겨라

공부 루틴과 습관을 만들었다면 이제는 과목별로 공부 방법을 알고 한 단계씩 실력을 채워나갈 때입니다. 그런데 학기 중에는 수행평가, 학교 행사, 교내 대회 등 각종 일정이 몰아치고, 중간고사와 기말고사 성적까지 챙겨야 하다 보니 제대로 준비하지 않으면 이도 저도 해내지 못하는 학생들이 대부분입니다. 그래서 내신 공부의 핵심은 바쁜 학기 중에 효율을 챙기는 것입니다. 평소에 학교 수업 내용을 복습하는 습관을 만들어 시험 기간 부담을 줄여보세요. 그리고 시험을 앞두었을 때는 다른 것보다 내신 공부에만 집중해 원하는 결과를 만들어보세요. 이번 장에서는 중학교 졸업 점수 398.x점, 고등학교 1학년 내신 1.0, 전체 내신 1.2라는 높은 내신 성적을 유지할 수 있었던 내신 공부 루틴과 과목별 공부 방법을 단계별로 소개해드리겠습니다.

13 '1수업 3반복' 노하우로 평소에 복습하라

'시험 기간이 아닐 때는 어떤 공부를 해야 하지?'라는 고민을 한 번쯤 해본 적 있을 것입니다. 본격적으로 시험공부를 시작하기에는 시험까지 너무 시간이 남았고, 그렇다고 아무것도 하지 않으려니 불안한 시기가 있습니다. 이럴 때 학교 수업 내용을 틈틈이 복습해야 합니다. 아무리 학교 수업에 적극적으로 참여해도 따로 복습하지 않으면 시간이 지날수록 수업 내용을 잊어버립니다. 그래서 수업 내용을 적어도 3번 이상 반복해 다시 보는 복습 루틴을 만들면 쉽게 휘발될 수 있는 기억을 시험 전까지 붙잡아둘 수 있습니다. 이처럼 본격적으로 내신 시험 준비를 시작할 때 수업 내용이 장기기억으로 전환된 상태라면 여러분의 성적은 눈에 띄게 확 달라집니다.

① 쉬는 시간 3분만 투자해서 바로 복습하라

수업이 끝나고 쉬는 시간 종이 울렸다고 바로 자리에서 일어나거나 책을 덮지 마세요. 쉬는 시간은 수업 내용을 오래 기억할 기회로 만들어줄 소중한 시간입니다. 딱 3분만 투자해 선생님께서 강조한 내용, 형광펜으로 표시한 부분이나 빨간색 볼펜으로 필기한 내용만 골라 가볍게 읽어보세요. 수업 프린트가 있다면 처음부터 끝까지 빠르게 읽으세요. 내용 전체를 완벽하게 소화해야 한다는 부담은 내려놓고 핵심을 가볍게 눈에 담는 시간이라고 생각하면 됩니다.

② 저녁에 그날 배운 전체 수업 내용을 복습하라

어느 날 고등학교 1학년 정○○ 학생이 멘토링 날도 아닌데 급하게 연락을 해왔습니다. 복습이 중요하다는 조언을 듣고 그날 들은 수업 내용을 복습하려고 했는데, 자기 전까지 수업 복습을 다 끝내지 못하고 다른 계획은 아무것도 손댈 수 없었다는 것입니다. 알고 보니 복습할 때 수업 내용을 완벽하게 이해하고 암기해야 한다는 생각에 속도가 붙지 않았고, 두 과목도 채 복습을 마치지 못했는데 이미 하루가 다 가버린 것이었습니다.

당일 복습은 쉬는 시간 복습보다 시간을 많이 투자해야 합니다. 하지만 모든 내용을 무조건 완벽하게 이해하고 암기해야 하는 것은 아닙니다. 쉬는 시간에 훑어봤던 주요 내용을 완전히 이해한다는 생각으로 집중력을 높여보세요. 정○○ 학생은 하루 복습 시간을 딱 1시간으로 정해 다른 공부 계획에 방해가 되지 않는 선에서 수업 내용을 빠르게 정리하고 이해할 수 있었다며 당일 저녁 복습의 효과를 극찬했습니다.

③ 주말에 일주일 동안 배운 내용을 종합적으로 복습하라

주말에는 5일간 들었던 수업 내용을 종합해 한 번에 정리하세요. 매일 성실하게 저녁 복습을 했다면 주말에 일주일 치 분량을 공부하더라도 많은 시간을 투자하지 않아도 됩니다. 이때는 핵심 개념을 세 번째 반복하는 단계이므로 중요한 내용은 암기가 되어 있어야 하고, 자습서나 평가문제집에서 틀렸던 문제만 골라 다시 풀며 시험에 대한 감을 조금씩 잡아나가야 합니다.

지금 당장 공부가 쉬워지는 미라클 솔루션

자습서와 평가 문제집은 무엇이 다른가요?

자습서와 평가 문제집은 교과서를 발행한 출판사에서 교과서 학습에 도움을 주기 위해 만듭니다. 자습서는 개념 정리를, 평가 문제집은 문제 풀이를 주목적으로 하므로 자습서에 비해 평가 문제집의 문제 수가 더 많고, 단원평가, 실전 모의고사 등 다양한 형식으로 문제 풀이를 연습할 수 있다는 장점이 있습니다.

앞서 소개한 세 가지 노하우로 평소에도 시간을 낭비하지 않고 알차게 보내면 본격적인 시험 기간에 개념 공부에 투자할 시간을 확실히 줄일 수 있습니다. 개념 이해가 아니라 이미 머릿속에 저장된 핵심 내용에 살을 붙여나가는 단계부터 내신 시험 준비를 시작한다는 점에서 시험에 대한 스트레스와 부담감도 덜 수 있습니다. 꾸준함은 절대 배신하지 않습니다. 평소에 미리 내신을 챙겨두는 습관을 만들어봅시다.

지금 당장 공부가 쉬워지는 미라클 솔루션

바쁜 학기 중 수행평가 준비 꿀팁 총정리

✦ 주제 글쓰기

- 준비할 때 목차만 생각하지 말고 직접 글을 적어 적절한 구성과 내용 배치가 가능한지 확인해야 합니다.
- 문단별 키워드를 확실히 외워 실전에서 전체 글이 기억나지 않을 경우 키워드만으로도 글을 이어서 적을 수 있게 연습해야 합니다.

✦ 보고서 제출

- 보고서 주제를 정할 때는 수업 내용과 관련 있는지, 최신 동향을 반영한 주제인지 꼭 확인하세요.
- 자료 조사는 블로그나 출처가 불분명한 곳은 피해야 합니다. RISS, 디비피아 등에서 논문 및 학술 보고서를 찾거나 국가통계포털에서 필요한 통계 자료를 검색해 활용하세요.
- 보고서 제출 전 흐름이 이상한 부분이나 오타가 없는지 반드시 점검해야 합니다.

지금 당장 공부가 쉬워지는 미라클 솔루션

✦ PPT 발표

- 자료 조사 → 발표 대본 작성 → 대본 내용을 PPT 각 페이지에 분배 → PPT 디자인 → 5번 이상 반복해서 연습 순서로 준비해야 합니다.
- 검색창에 '(원하는 디자인 키워드) PPT 템플릿'으로 검색해 템플릿을 다운로드받거나 '미리캔버스' 사이트를 활용하면 PPT 디자인에 유용합니다.

✦ 찬반 토론

- 주제 관련 뉴스와 통계 자료를 반드시 조사하세요. 토론 과정에서 좋은 근거 자료가 됩니다.
- 여러분의 주장을 명확히 하되 반대 측 의견도 함께 정리해 존중한다는 자세로 참여해야 합니다.

14 1등을 원한다면 시험 전 4주를 투자하라

멘토링 중 만났던 고등학교 2학년 박○○ 학생은 내신 성적이 오르지 않는 것이 가장 큰 고민이라고 말했습니다. 입학 후 1년 동안 과목별 공부법에 대한 감도 잡았고 시험에 나온다고 예측한 부분이 그대로 나오는 등 적중률도 높았습니다. 하지만 왜인지 성적이 극적으로 상승하지 않았습니다.

박○○ 학생의 문제는 시험 준비에 투자하는 시간이 부족하다는 것이었습니다. 시험 2주 전부터 본격적으로 공부를 시작했기에 당연히 시험 범위를 여러 번 반복해서 볼 수 없었고, 부족한 부분이 눈에 보이더라도 이를 보완할 충분한 시간이 없었습니다.

내신 시험에서 원하는 결과를 만들기 위해서는 그만큼의 시간 투자가 필요합니다. 전 범위를 충분히 반복해서 보기까지 한 달 정도의 시간이 필요하므로 적어도 내신 시험 4주 전부터 준비를 시작해야 합니다. 만약 시험 범위가 공지되지 않았다면 선생님께 지금까지의 수업 내용이 시험 범위에 포함되는지 여쭤보고 진도의 첫 부분부터 공부를 시작하세요. 시험 범위가 공지될 때까지 기다리면 너무 늦습니다. 아래와 같은 4주 공부 계획을 세우고 준비한 2학기 기말고사에서 박○○ 학생은 중간고사보다 평균 점수가 11점이나 상승해 놀라움을 안겨주었습니다.

1주차(시험 4주 전) 기본기 만들기	국어, 영어, 사회, 과학 – 개념 공부 수학 – 교과서 n회독, 유형서 풀기
2주차(시험 3주 전) 기본기 완성하기	국어, 영어, 사회, 과학 – 개념 공부 완료 수학 – 교과서 n회독, 유형서 1회독 완료
2주차 종료 시 과목별 개념 총정리	
3주차(시험 2주 전) 문제 연습하기	국어, 영어, 사회, 과학 – 유형서 풀기 수학 – 유형서 오답 정리, 고난도 문제 연습
4주차(시험 1주 전) 실전 감각 익히기	국어, 수학, 영어, 사회, 과학 – 실전 연습 미술, 체육 등 기타 과목 – 핵심 위주로 빠르게 공부

지금 당장 공부가 쉬워지는 미라클 솔루션

수학은 왜 1주차부터 문제 풀이로 시작하나요?

수학은 개념이나 공식 자체가 어려운 것이 아니라 지금까지 배운 개념을 적절히 조합해 올바른 풀이 과정을 찾아낼 수 있는지 연습하는 과목입니다. 학교 수업을 집중해서 들으면서 개념과 공식을 그때그때 암기하고, 바로 교과서와 유형서로 공부를 시작하세요.

1주차, 2주차

- 과목별로 기본기를 제대로 만들어라

① 교과서와 수업 프린트에 집착하라

2주 동안 과목별 교과서와 수업 프린트 내용을 완전히 이해하고 암기할 때까지 반복해서 보세요. 문제를 풀어야 공부가 된다는 생각은 내려놓아야 합니다. 내신 시험은 수업 내용을 바탕으로 정해진 범위 안에서 출제되므로 개념만 머릿속에 넣어두면 문제는 쉽고 빠르게 풀립니다.

② 매일 최소 세 가지 이상의 과목을 공부하라

4주 공부 계획을 세울 때 하루에 특정 한 과목만 몰아서 공부하지 마세요. '이 과목은 나중에 하면 되지.'라는 생각은 버리고, 적어도 3과목 이상 공부 계획을 세워 시간을 과목별로 적절히 나누어 투자해야 합니다. 집중이 안 될 때 무작정 공부를 중단하는 것이 아니라 과목을 바꿔 환기할 수 있다는 점에서 시간을 아껴 쓰기에도 유리합니다.

3주차

- 실제 시험에서는 틀리지 않도록 연습하라

① 내신 시험의 출제 경향에 맞는 문제집을 풀어라

내신 시험을 위한 문제집을 고를 때는 문제집 난이도와 학교 시험 난이도가 비슷한지 반드시 확인해야 합니다. 난이도가 맞지 않는 문제집을 선택하면 아무리 많은 시간을 투자해도 큰 의미가 없습니다. 문제집을 푸는 이유와 목적이 무엇인지 생각하세요.

② 새로운 문제보다 이미 푼 문제에 집중하라

무작정 새로운 문제를 많이 푸는 것보다 한 번 푼 문제를 확실히 이해하고 넘어가는 것이 중요합니다. 연습 중 틀린 문제를 실전에서 다시 만났을 때 또 틀리지 않도록 풀이 방법을 정확히 정리하세요.

③ 흔들리는 개념이 있다면 마지막 기회를 잡아라

문세를 풀다가 헷갈리는 개념이 있다면 바로 교과서와 수업 프린트를 펼쳐 짚고 넘어가세요. 개념 정리가 4주차로 넘어가면 너무 늦습니다. 3주차가 개념을 확실하게 암기하고 정리할 수 있는 마지노선입니다.

4주차

- 진짜 같은 실전 연습으로 감각을 익혀라

① 작년 기출 문제로 실전 감각에 익숙해져라

작년 학교 기출 문제를 인쇄해 시험 시간에 맞춰 풀어봅니다. 이때 OMR 카드 양식을 인쇄해 사용함으로써 실전과 같은 환경을 만드세요. 문제 풀이와 답안지 마킹까지 시간 안에 마무리할 수 있는지 점검하는 단계입니다.

② 실전 시뮬레이션을 돌리고 시험 당일 규칙을 정리하라

시험 당일의 모습을 시뮬레이션 돌리면 시험 직전 긴장감을 낮출 수 있어 효과적입니다. 또 과목별로 어떤 생각을 가지고 시험에 임해야 하는지를 정리하고 시험 직전에 훑어보세요. '내가 지금까지 제대로 공부해 왔구나.'라는 생각이 들어야 자신감이 생기고 시험에서 여러분의 실력을 전부 발휘할 수 있게 됩니다.

떨리는 시험 D-1, 이것만큼은 반드시 챙겨라

① 개념 공부가 제대로 되었는지 점검하라

4주 동안 개념 공부와 문제 풀이를 제대로 연습했다면 시험 전날은 개념이 완벽하게 잡혀 있는 상태여야 합니다. 하지만 언제나 꺼진 불도 다시 본다는 생각으로 전 범위 교과서와 수업 프린트 내용을 빠르게 훑어보면서 전체적인 내용을 다시 확인하세요.

② 틀렸던 문제만 골라서 마지막으로 점검하라

시험공부를 하면서 풀었던 문제 중 틀린 문제만 골라 다시 풀어보세요. 기존에 오답 정리를 하는 과정에서 해당 유형에 대한 풀이 규칙을 제대로 정리해두었다면 시험 전날에는 어렵지 않게 정답을 맞힐 수 있어야 합니다. 정답을 고르기까지의 사고 과정을 명확히 이해하고 있는지에 초점을 맞추어 점검하세요.

③ 최상의 컨디션으로 끌어올려라

시험 전날 늦게까지 공부하면 시험 당일 컨디션이 좋지 않아 오히려 실력 발휘를 제대로 할 수 없습니다. 공부를 더 해야 한다면 차라리 일찍 자고 일찍 일어나 아침 시간을 활용하세요.

15 내신 국어 공부 : 학교 수업 마스터가 되어라

국어 내신 성적을 올리는 가장 확실한 방법은 학교 수업을 활용하는 것입니다. 국어는 글을 읽는 사람에 따라 중요하게 생각하는 핵심이 달라집니다. 그런데 내신 시험 출제자는 바로 학교 선생님입니다. 학교 수업을 제대로 듣지 않고 자습서에 정리된 작품 해설이나 학원에서 가르쳐준 출제 예상 포인트만 공부하면 당연히 성적이 나오지 않습니다.

국어 수업, 내 것으로 100% 활용하는 법

① 수업 전 간단한 예습으로 수업 내용을 미리 확인하라

수업 바로 전 쉬는 시간에 그날 배울 작품을 미리 읽어보세요. 그리고 효율적인 복습을 위해 필기를 하지 않은 깨끗한 상태의 본문을 스캔해서 인쇄해두세요. 작품을 미리 읽어본 사람은 수업 중 선생님께서 어느 부분에 어떤 설명을 덧붙이는지 더 빠르게 잡아낼 수 있습니다.

② 수업 중에는 선생님 말씀에만 집중하라

국어 수업을 들으며 다른 과목을 공부하거나 학원 숙제를 하지 마세요. 선생님께서 수업 중 중요하다고 강조한 부분을 놓치지 않고 꼼꼼하게 필기해야 하기 때문입니다. 외부 자료에 정리된 다른 어떤 내용보다도 1순위로 암기해야 하는 가장 중요한 것이 바로 학교 선생님이 강조한 내용입니다.

③ 수업 후 핵심 위주로 복습하라

수업 중 선생님께서 강조한 내용 위주로 쉬는 시간과 당일 저녁을 활용해 핵심만 골라 암기하세요. 핵심 암기 후에는 수업 전에 인쇄해두었던 깨끗한 상태의 본문에 스스로 글을 분석하고 핵심을 정리할 수 있는지 점검합니다. 교과서나 자습서를 보지 않은 상태에서 스스로 하는 것이 핵심입니다.

책 길잡이

쉬는 시간 복습과 당일 저녁 복습 방법은 이번 장을 열며 소개한 '1수업 3반복' 노하우의 내용에 포함되어 있습니다.

④ 모르는 내용은 무조건 학교 선생님께 질문하라

공부하다가 이해가 안 되거나 헷갈리는 개념은 무조건 학교 선생님께 질문하세요. 질의응답 과정에서 선생님이 생각하시는 중요한 내용이 무의식적으로 강조되는 경우가 많기 때문입니다. 특히 진도를 나가지 않고 자습 시간을 주는 경우, 국어 수업 시간에는 국어 공부를 실천하세요. 궁금한 점이 생기면 바로 선생님께 질문할 기회를 확보할 수 있어 유리합니다.

국어 수업에 적극적으로 참여한 것만으로 개념 공부가 끝났다고 생각하지 마세요. 한 권의 노트에 핵심 내용을 정리해 매일 들고 다니며 반복해서 보아야 합니다. 멘토링 중 만났던 고등학교 1학년 최○○ 학생은 시험 범위에 속하는 교과서, 부교재, 모의고사 자료를 모두 챙겨 다니는 것이 번거롭다고 했습니다. 공부 계획을 세워놓고 학교에서 책을 가져오지 않아서 공부 흐름이 깨지는 경우도 많았습니다. 그래서 단권화 정리 노하우를 바탕으로 모든 작품의 핵심을 노트 한 권에 담도록 조언했습니다. 최○○ 학생은 시험 직전까지 단권화 노트를 들고 다니며 작품별 핵심을 반복해 점검했더니 정답이 눈에 보이는 정도가 확실히 달라졌다고 말했습니다. 90점을 넘긴 사람이 몇 없는 그해 국어 중간고사 시험에서

이 학생은 100점을 받았습니다.

국어 문학 시험 범위를 한눈에 정리하는 단권화 노하우

① 작품의 기본인 주제와 관계성부터 확실히 정리하라

노트 상단에 문학 작품의 제목과 주제를 적고, 작품 속 주목해야 하는 핵심 관계성을 화살표 등의 기호로 정리하세요. 운문문학의 경우 화자와 대상 사이의 관계에, 산문문학의 경우 등장인물 사이의 관계와 갈등 상황이 핵심 관계에 해당합니다.

② 시험 출제 가능성이 높은 포인트를 기록하라

문제를 풀다 보면 이상하게 자주 보이는 작품 속 구절이나 문장이 있습니다. 이것이 바로 시험에 출제될 가능성이 높은 포인트입니다. 이외에도 여러분이 문제 풀이 중 헷갈렸거나 이해가 안 되었던 선지가 있다면 반드시 정리해야 합니다. 연습 과정에서 어려움을 느꼈다는 것은 실전에서 여러분이 쉽게 빠질 수 있는 함정이라는 뜻이기도 합니다.

③ 문제 풀이 과정에서 발견한 약점을 보완하라

틀린 문제 또는 맞혔지만 헷갈리는 문제는 실전에서 또 헷갈리지 않도록 정리해야 합니다. 잘못 생각했던 보기나 선지 내용을 적고 왜 해당 선지가 옳은지 또는 옳지 않은지 함께 정리하세요. 이는 다른 말로 정답을 찾아내는 올바른 사고 과정을 정리한 것과 같습니다.

《모란이 피기까지는》 - 김영랑

+ 주제: 모란에 대한 간절한 기다림과 소망
+ 관계: 시적 화자 '나' → (봄에 모란이 피면 느낄 보람을 기다림) → 시적 대상 '모란'
+ 출제 예상 포인트

- 여성적 어조: 섬세함과 부드러움을 표현함 ★
- 역설적 표현: '찬란한 슬픔의 봄' ★★★

* 선지 분석: 부사어를 활용해 화자의 의지를 표현한다 (O)

아직 기다리고 있을 테요

국어 비문학 시험 범위를 한눈에 정리하는 단권화 노하우

① 문단별 핵심 내용을 요약해서 정리하라

지문 내용을 처음부터 끝까지 천천히 읽고 문단별 핵심 내용을 한 문장으로 요약해보세요. 비문학 문제의 경우, 글의 내용과 핵심 정보를 잘 기억하고 있다면 실전에서 풀이 속도와 정답률을 확실히 끌어올릴 수 있습니다.

② 나의 요약과 자습서 내용을 비교하며 이해도를 점검하라

앞서 스스로 요약한 문단별 핵심 내용과 자습서 또는 평가 문제집에 정리된 내용이 일치하는지 점검해야 합니다. 지문 내용을 잘못 이해하고 있는 경우, 아무리 글을 여러 번 반복해서 읽어도 실력이 오르지 않기 때문입니다.

③ 문제 풀이 과정에서 발견한 약점을 보완하라

문학과 마찬가지로 틀린 문제 또는 맞혔지만 헷갈리는 문제는 실전에서 또 헷갈리지 않도록 정리해야 합니다. 잘못 생각했던 보기나 선지 내용을 적고 왜 해당 선지가 옳은지 또는 옳지 않은지 함께 정리하세요. 특히 비문학은 글 속 정보를 정확하게 이해했는지를 묻기 때문에 헷갈리는 선지를 정리하는 것만으로도 정보를 구조화하는 데 도움이 됩니다.

《바실리카식 성당 구조와 종합 예술로서의 특성》

- 1문단: 서양 건축 예술의 핵심이었던 성당 건축
- 2문단: 바실리카식 성당 구조
- 3문단: 종교 강세에 따라 추가된 트란셉트 구조
- 4문단: 바실리카식 성당의 종합 예술로서의 특성
- 선지 분석: 추가 구조물은 종교 가치 하락을 의미한다 (X)
  = 트란셉트 구조 = 성직자의 위상 상승

국어 언어와 매체 시험 범위를 한눈에 정리하는 단권화 노하우

① 문법 개념별로 특징과 예시를 정리하라

코넬 노트 왼쪽에 문법 개념을 적고, 오른쪽에는 개념의 정의와 주요 특징, 교과서나 문제집에 나오는 예시를 함께 정리합니다.

지금 당장 공부가 쉬워지는 미라클 솔루션

코넬 노트는 일반 노트와 무엇이 다른가요?

제목 영역	
키워드 영역	필기 영역
요약 영역	

코넬 대학교 교육학 교수 월터 폭(Walter Pauk)이 고안한 노트 필기법을 적용할 수 있는 형식의 노트입니다. 제목 영역, 필기 영역, 단서 영역, 요약 영역의 네 영역으로 구성된다는 점에서 줄이나 그리드만 있는 일반 노트와 다릅니다. 제목 영역에는 단원명과 주제를, 필기 영역에는 수업 내용 중 중요한 내용을, 단서 영역에는 필기 영역의 내용을 집약하는 핵심어를 적습니다. 요약 영역은 필기 영역의 내용 중 가장 중요한 내용을 골라 정리하거나 헷갈리는 개념을 다시 정리해 기억하는 등 자유롭게 활용할 수 있습니다.

② 나만의 개념별 문제 풀이 노하우를 정리하라

문법 문제를 풀다 보면 개념별, 유형별로 어떻게 문제를 풀어야 하는지 보입니다. 여러분만의 풀이 노하우를 여러분의 언어로 정리해서 메모지에 적고 노트에 붙여두세요. 시험 전 단권화 노트를 볼 때 전체적인 개념과 함께 실전에 활용할 수 있는 풀이 노하우를 다시 정리할 수 있어 효과적입니다.

③ 문제 풀이 과정에서 발견한 약점을 보완하라

틀린 문제 또는 맞혔지만 헷갈리는 문제는 실전에서 또 헷갈리지 않도록 정리해야 합니다. 잘못 생각했던 보기나 선지 내용을 적고 왜 해당 선지가 옳은지 또는 옳지 않은지 함께 정리하세요. 특히 문법은 개념과 예시를 연결하는 것이 핵심입니다. 서로 연결되지 않는 개념과 예시가 있다면 이를 정리해 실전에서는 헷갈리지 않도록 해야 합니다.

《음운의 변동 - 탈락》	
✦ 자음군 단순화	음절 끝 겹받침 → 자음 하나 탈락 ex) 몫[목], 젊다[점따], 읊다[읍따]...
✦ 자음 탈락★	1) 'ㄹ' 탈락: 실질형태소 끝소리 기준 ex) 알- + -시- + -고 → 아시고 2) 'ㅎ' 탈락: 모음 시작 형식형태소 만날 때 ex) 넣어[너어], 쌓이다[싸이다]
✦ 문제 풀이 노하우: 자음군 단순화와 축약 순서는 상황에 따라 달라짐 ★★★	

16 내신 수학 공부 : 문제 풀이로 실전 감각을 익혀라

4주 공부 계획을 소개할 때 설명했듯이 수학은 개념 공부보다 문제 풀이를 통해 실전 감각을 익히는 것이 중요한 과목입니다. 그래서 이번 챕터에서는 수학 문제 풀이 방법을 세 단계로 나누어 자세하게 소개하려고 합니다. 무조건 많은 문제를 풀어보면 된다는 생각을 가지고 있었다면 이번 기회에 여러분의 수학 공부 패러다임이 확실하게 변화하기를 바랍니다.

내신 수학 공부 1단계
- 교과서 n회독으로 완벽하게 정복하라

내신 시험에서는 교과서에 수록된 문제를 숫자나 표현만 살짝 바꿔 출제하는 경우가 많습니다. 그런데 교과서를 여러 번 반복해서 연습하지 않은 학생은 실전에서 느끼는 긴장감 때문에 쉬운 문제임에도 어이없는 실수를 저지릅니다. 적어도 교과서에 수록된 문제는 절대 틀리지 않도록 여러 번 반복해서 풀어야 합니다. 시험 준비 기간 동안 최소 3번 이상 반복해서 돌려보는 것을 목표로 하세요.

내신 수학 공부 2단계
- 유형별로 많은 문제를 풀며 약한 유형을 찾아라

학교 수업 중에 선생님이 직접 풀지 않은 문제라도 시험 범위에 해당하는 개념을 활용해 푸는 문제라면 어떤 유형이든 시험에 출제될 수 있습니다. 아래에 제가 직접 풀어봤던 수학 문제집 중 내신 대비에 활용할 수 있는 유형서를 난이도별로 정리했습니다. 이러한 유형서를 활용해 다양한 유형의 문제를 많이 풀어보고, 특히 어렵거나 헷갈리는 유형이 무엇인지 파악해야 다음 단계에서 효율적인 오답 정리로 이어질 수 있습니다.

지금 당장 공부가 쉬워지는 미라클 솔루션

고대생 언니가 난이도별로 나눈 내신 수학 유형서

- 난이도 상: 블랙라벨, 일등급 수학, 올림포스 고난도
- 난이도 중: 쎈, 쎈B, 마플시너지
- 난이도 하: 라이트쎈, 마플교과서

내신 수학 공부 3단계

- '1문제 3반복' 노하우로 틀린 문제를 정리하라

① 틀린 문제는 스스로 고민하는 시간을 확보하라

틀린 문제는 바로 해설을 보는 것이 아니라 스스로 고민해서 다시 푸는 시간을 확보해야 합니다. 문제 번호 위에 다시 풀었을 때의 정답 여부를 O 또는 X로 표시하고, 한 문제를 총 3번 반복해서 다시 풀어보세요.

XOO

14 두 양수 p, q와 함수 $f(x)=x^3-3x^2-9x-12$에 대하여 실수 전체의 집합에서 연속인 함수 $g(x)$가 다음 조건을 만족시킬 때, $p+q$의 값은? [4점]

(가) 모든 실수 x에 대하여 $xg(x)=|xf(x-p)+qx|$이다.
(나) 함수 $g(x)$가 $x=a$에서 미분가능하지 않은 실수 a의 개수는 1이다.

② 약점 유형을 파악하고 보완하려는 노력을 기울여라

문제 번호 위에 표시된 O와 X의 개수에 따라 여러분의 약점 유형이 무엇인지 파악하세요. X가 하나라도 표시된 문제는 실제 시험에서도 틀릴 확률이 높은 문제입니다. 실전에서 활용할 수 있는 문제 풀이 규칙이나 모범 해설을 정리해 문제 옆에 적습니다. 시험 직전에 정리된 문제 풀이 규칙만 빠르게 훑어보면 정답률이 눈에 띄게 상승합니다.

17

내신 영어 공부 : 무작정 통암기부터 시작하지 마라

멘토링 중 만났던 고등학교 2학년 고○○ 학생은 내신 기간만 되면 영어 학원에 가는 것을 극도로 싫어했습니다. 끝도 없이 많은 개수의 지문을 모두 암기하는 과정에 스트레스를 많이 받았기 때문입니다. 영어 내신은 무조건 지문을 통째로 암기해야 한다는 말을 한 번쯤 들어봤을 것입니다. 그런데 이러한 통암기 방법은 시험 범위의 지문 개수가 많아지고 한 지문당 글의 길이가 길어지는 고등학교에서는 사실상 실천 불가능합니다. 교과서, 부교재, 모의고사 지문까지 이 수많은 지문을 정말 다 외워야 한다면 고○○ 학생처럼 내신 기간이 시작되면 영어 공부가 두려워질 것입니다.

만약 시험 범위에 포함되는 전체 지문 개수가 두 자릿수를 넘어가지 않는다면 통째로 암기해 높은 점수를 확보하는 것도 아주 불가능한 일은 아닙니다. 하지만 개수가 너무 많아 모든 지문을 통째로 암기하는 것이 부담스럽다면 상대적으로 지문 개수가 적고 내용이 흥미로운 교과서 지문은 통암기로 점수를 확보하고, 지문 개수가 많고 전문적인 소재를 다루고 있는 부교재와 모의고사 지문은 암기가 아닌 핵심 정리 방법으로 공부하세요.

영어 교과서 지문 통째로 외우는 5단계 방법

① 본문 속 단어 암기부터 시작하라

지문을 처음부터 끝까지 읽으면서 모르는 단어를 표시한 후 단어의 뜻을 찾아 정리하고 암기하세요. 효율적으로 지문을 암기하기 위해서는 지문 내용 흐름을 잘 파악해야 하고, 지문 내용을 파악하기 위해서는 단어의 뜻을 정확히 알고 있어야 합니다.

② 영어 문장과 한글 해석을 일대일로 맞춰 읽어라

영어 문장 한 줄을 읽고 이에 대한 한글 해석을 읽어 지문과 해석을 일대일로 맞춰보세요. 처음부터 끝까지 영어 문장과 한글 해석을 일대일로 맞춰 적어도 3번 이상 읽습니다. 이는 지문 내용이 아닌 문장 자체에 초점을 맞출 수 있게 만들어줍니다. 통암기를 편하게 하는 밑 작업이라고 할 수 있습니다.

③ 문법 포인트를 고려해 문장별로 중요도를 나눠라

여러분이 생각하는 주요 문장과 그렇지 않은 문장을 나눠보세요. 문제에 자주 출제되는 문장이나 어려운 문법 요소가 포함된 문장이 그렇지 않은 문장보다 중요합니다. 그리고 주요 문장을 그렇지 않은 문장보다 먼저 외우세요. 정해진 시간을 효율적으로 활용할 수 있습니다.

④ 본문 암기 시험지를 직접 제작하면서 동시에 복습하라

눈으로는 지문을 보고, 머리로는 지문을 한글로 해석하고, 손으로는 그 해석을 직접 컴퓨터 자판으로 입력하면서 여러분만의 본문 암기 시험지를 만들어보세요. 자료를 직접 만드는 과정에서 지문을 여러 번 반복하는 효과가 나기 때문에 자연스럽게 암기 효율도 높아집니다.

⑤ 지문 암기 여부를 틈날 때마다 여러 번 점검하라

직접 만든 본문 암기 시험지의 한글 해석을 보고 영어 문장을 기억해 내 정확하게 적을 수 있는지 점검합니다. 백지 복습과 같은 원리입니다. 본문 암기 시험은 실제 내신 시험 전까지 5회 이상 반복해 한 번 암기한 지문을 중간에 까먹지 않도록 신경 써야 합니다.

지금 당장 공부가 쉬워지는 미라클 솔루션

백지 복습이란 무엇인가요?

백지 복습은 공부한 내용을 점검하는 복습 방법 중 하나로, 빈 종이에 암기한 내용을 복사하듯 적어봄으로써 잊어버리거나 미처 외우지 못한 내용은 없는지 확인하는 방법입니다. 단순히 외웠다고 생각만 하는 것이 아니라 직접 적고 무엇을 빠뜨렸는지 눈으로 확인해야 약점을 파악할 수 있기 때문입니다.

이때 핵심은 '보고 베끼는' 공부가 아니라 '외워서 되새기는' 것입니다. 역사와 같은 암기과목을 공부하거나 영어 교과서 본문 암기 여부를 점검할 때 아무것도 보지 않고 머릿속에 있는 내용을 그대로 옮겨 적어보세요.

영어 부교재 & 모의고사 지문 정리 노하우

① 지문의 주제와 헷갈리는 표현만큼은 확실히 정리하라

지문 위 공간에 글의 주제를 한 문장으로 정리해 지문의 첫 문장만 읽고도 '이 지문의 주제는 이거였지!'라고 떠올릴 수 있어야 합니다. 주제

옆에는 내용의 흐름을 화살표로 정리해 빈칸 추론, 문장 삽입, 무관한 문장 찾기 등의 문제 유형에 확실히 대비하세요. 헷갈리는 표현이나 중요한 문법 요소가 있다면 함께 정리해야 합니다.

《모든 종이 공통 조상 공유&연결됨을 보여주는 동일 유전자 암호》

- 조상 공유 → 동일 유전자 암호 → 가계도 → 확실한 진실
- 표현: 전치사 + 관계대명사 + 완전한 문장(by which)

수능 ANALYSIS

▶ 다음 글의 주제로 가장 적절한 것은?

What is a fact beyond all doubt is that we share an ancestor with every other species of animal and plant on the planet. We know this because some genes are recognizably the (A) [distinct / same] genes in all living creatures, including animals, plants and bacteria. And, above all, the genetic code itself — the dictionary by which all genes are translated — is the same across all living creatures that have ever been ⓐ looking at. We are all cousins. Your family tree (B) [includes / excludes] not just obvious cousins like chimpanzees and monkeys but also mice, buffaloes, iguanas, snails, dandelions, golden eagles, mushrooms, whales, and bacteria. All are our cousins. Every last one of them. (wonderful thought / more / any myth / isn't / a far / that / than)? And the most wonderful thing of all ⓑ is that we know for certain it is literally true.

① myths and facts about the genetic code
② the evidence of evolution revealed by ancient fossils

출처: EBS 올림포스 독해의 기본1

이렇게 정리한 내용은 일부러 암기해야 한다는 생각을 가지는 것보다 시간이 날 때마다 반복해서 읽으며 자연스럽게 기억하도록 만드세요.

② 문제에 자주 나오는 주요 문장만 골라 외워라

변형 문제를 풀 때 자주 보이는 문장이 실제 내신 시험에서의 출제 포인트입니다. 지문 전체를 통째로 암기하기에는 시간이 부족하니 출제 가능성이 높은 문장이 무엇인지 골라낸 후 이를 중점적으로 암기하세요.

책 길잡이

이번 장의 '기적을 향한 작은 움직임'에 내신 공부 자료를 찾을 수 있는 과목별 사이트를 정리해두었습니다. 영어 부교재나 모의고사 지문에 대한 변형 문제는 여기서 찾을 수 있습니다.

18 내신 암기과목 공부 : 시험에 나올 포인트만 뽑아라

사회와 과학을 포함하는 암기과목은 말 그대로 시험 범위에 해당하는 내용을 얼마나 잘 외우고 있는지가 핵심입니다. 그래서 어떤 개념이 시험에 나올 것인지 예측하는 것이 매우 중요합니다. 많은 학생이 국어, 영어, 수학 공부를 하느라 사회, 과학, 역사 공부 시기를 놓치고 뒤늦게 시작해 원하는 결과를 얻지 못합니다. 암기과목이라고 해서 절대 만만하게 보지 마세요. 출제 포인트 위주로 효율적인 공부를 하면 충분히 주요 과목 공부 계획과 병행할 수 있습니다.

내신 사회, 목차별로 스토리텔링하고 자료에 집중하라

① 목차별 주요 내용을 정리하라

사회 공부는 시험 범위의 흐름을 파악하는 것이 중요합니다. 교과서를 펼쳐 시험 범위에 해당하는 목차를 확인한 후 노트에 목차를 옮겨 적어보세요. 그리고 소단원별로 핵심 개념을 키워드 형태로 나열해 정리합니다.

② 목차별 주요 내용을 엮는 스토리텔링을 연습하라

소단원별 키워드를 엮어 대단원의 주제와 내용을 스스로 설명할 수 있는지 점검하세요. 시험 범위에 해당하는 각 단원의 내용을 짜임새 있게 설명할 수 있도록 연습하는 것입니다.

③ 자료형 문제는 특히 집중해서 공부하라

문제 풀이 과정에서 가장 까다롭고 틀리기 쉬운 사회 문제 유형은 그래프 해석 문제와 지도 제시 문제입니다. 시험 범위에 그래프나 지도 자료가 포함된다면 그 자료가 무엇을 뜻하는지 정리한 여러분만의 자료 분석 노트를 만들어보세요.

① 키워드 위주의 개념 노트를 만들어 정리하라

과학 개념은 코넬 노트에 키워드 위주로 정리하세요. 과학은 개념 용어의 의미와 특징을 이해하는 것이 핵심입니다. 수업 중 선생님께서 강조한 내용을 바탕으로 여러분이 생각하는 중요한 키워드를 뽑고, 노트의 왼쪽에는 용어를, 오른쪽에는 용어의 의미와 특징, 출제 포인트를 정리합니다.

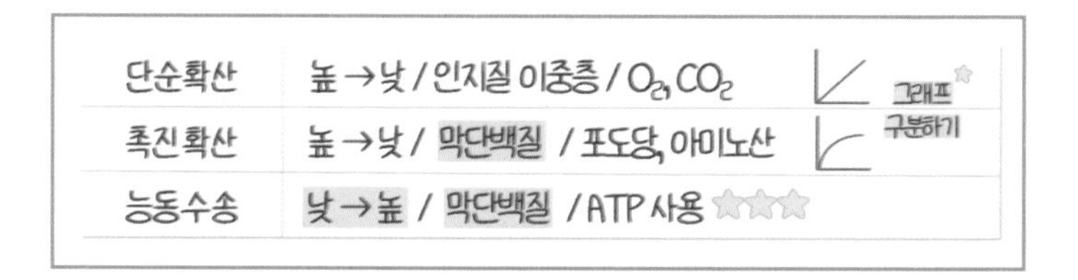

단순확산	높 → 낮 / 인지질 이중층 / O_2, CO_2
촉진확산	높 → 낮 / 막단백질 / 포도당, 아미노산
능동수송	낮 → 높 / 막단백질 / ATP 사용

② 개념 노트를 들고 다니며 매일 복습하라

앞서 키워드를 정리해 만든 개념 노트의 오른쪽을 백지로 가린 후 스캔해 개념 반복 학습에 활용하세요. 용어만 보고도 오른쪽에 정리된 내용을 설명할 수 있는지 확인하는 것이 목적입니다. 이 과정에서 공부가 덜 된 개념을 발견하면 메모지에 옮겨 적고 잘 보이는 곳에 붙여 눈에 들어올 때마다 반복해서 읽어보세요.

③ 문제를 풀 때는 선지 및 보기 하나하나에 집중하라

문제를 풀 때는 〈보기〉의 ㄱ, ㄴ, ㄷ 내용과 오지선다형 선지 내용에 주목하세요. 선지를 끝까지 보지 않아도 답을 고를 수 있는 객관식 문제도 마지막 선지까지 옳은 또는 옳지 않은 이유를 확실히 설명할 수 있는지 반드시 점검해야 합니다.

④ 문제 풀이 과정에서 발견한 약점을 보완하라

틀린 문제 또는 맞혔지만 헷갈리는 문제는 실전에서 또 헷갈리지 않도록 정리하세요. 잘못 생각했던 보기나 선지 내용을 적고 왜 해당 선지가 옳은지 또는 옳지 않은지 함께 정리합니다. 선지 정리를 제대로 하지 않으면 연습할 때 틀렸던 이유 그대로 실전에서도 잘못 생각하고 틀리는 경우가 많습니다.

① 나만의 연표를 만들어 시험 범위를 한눈에 정리하라

시험 범위에 포함되는 역사적 사건들을 시간 순서에 따라 정리하세요. 주요 시기(ex. 고려 무신 집권기)와 세부 사건(ex. 이자겸의 난, 서경 천도 운동 등)을 발생 연도에 따라 연표로 정리하는 것입니다. 연표를 만들어두면 특정 사건의 원인이나 결과를 묻는 문제, 더 먼저 일어난 선행 사건을 묻는 문제를 만났을 때 자신 있게 정답을 고를 수 있습니다.

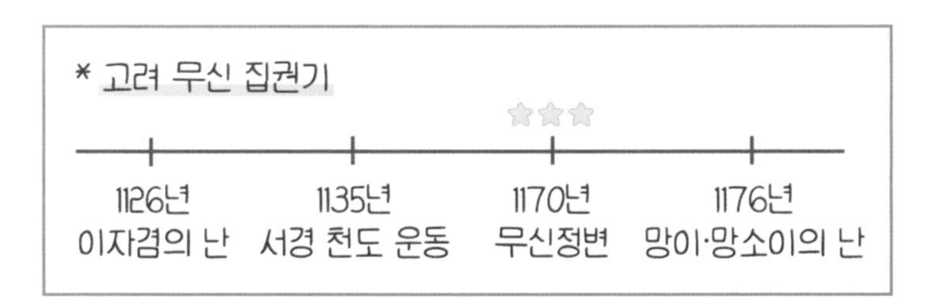

② 세부 사건별 키워드만 뽑아서 암기하라

세부 사건별 관련 인물이나 단체, 사건의 주요 특징, 사건의 결과 및 의의를 뽑아 키워드 형태로 간단히 정리합니다. 정리한 키워드 중 제대로 외워지지 않았거나 헷갈리는 개념이 있다면 메모지에 옮겨 적고 잘 보이는 곳에 붙여 눈에 들어올 때마다 반복해서 읽어보세요.

③ 선지와 사건을 연결하는 나만의 풀이 규칙을 정리하라

예를 들어 고려 무신 집권기에 해당하는 문제를 풀다 보면 '행정구역 차별'이라는 표현이 보일 때 '망이 · 망소이의 난'을 뜻하는 답을 골라야 한다는 규칙을 만들 수 있습니다. 이처럼 선지와 사건을 연결해 생각할 수 있는 여러분만의 풀이 규칙을 정리해보세요. 실전에서 빠르고 정확하게 활용할 수 있는 규칙을 만들어두면 성적은 무조건 오릅니다.

19 시험지 분석으로 내신 전문가가 되어라

학생들이 학기 중 가장 많이 풀어지는 때가 언제일까요? 내신 시험 기간이 끝난 직후입니다. 상대적으로 시간 여유가 있고 공부에 대한 부담이 적은 시기이지만 다음 시험에서 더 나은 성적을 받고 싶다면 반드시 챙겨야 할 3가지 포인트가 있습니다. 내신 시험은 각각이 독립적인 것처럼 보이지만 시험을 준비하는 방법은 모두 연결되어 있습니다. 앞선 시험을 다음 시험의 발판으로 삼아 더 나은 결과를 만들어야 합니다.

① 공부와 휴식 사이의 균형을 조절하라

중간고사가 끝난 지 2주가 넘은 시점에 만난 중학교 3학년 임○○ 학생은 하루 공부 시간이 1시간이 채 안 될 정도로 공부 루틴과 습관이 완전히 무너진 상태였습니다. 중간고사 성적은 상위권에 속할 만큼 실력 있는 학생이었는데 왜 이런 문제가 발생한 것일까요? 시험이 끝난 후 편하게 놀다 보니 공부 페이스가 하루아침에 돌아오지 않았던 것입니다. 하루 종일 놀다가 다음 날부터 이전 패턴에 맞게 공부하라고 하면 이를 실천할 수 있는 학생은 아무도 없습니다. 그래서 시험 직후 일주일은 목표를 조금 낮추고 공부 페이스를 조금씩 회복할 수 있도록 계획을 세워야 합니다.

요일	목표
금, 토	DAY OFF
일	2시간 목표
월, 화	3시간 목표
수, 목	5시간 목표

임○○ 학생은 평소 공부하던 시간보다 적게 목표를 잡고 이틀 간격으로 목표 시간을 늘리며 공부 페이스를 끌어올리는 것을 우선 목표로 2주라는 시간을 투자했습니다. 이를 계기로 기말고사 기간이 되기 전 공부 페이스를 끌어올릴 수 있었고, 오히려 평균 공부 시간이 1시간 가량 더 높아져 중간고사보다 더 높은 성적을 받았습니다.

② 내신 시험 출제 경향을 파악하라

내신 시험을 보기 전까지는 준비 방법에 대한 감을 잡기 어렵습니다. 하지만 한 번 보고 나면 출제 경향을 고려해 효과적인 대비 전략을 세울 수 있습니다. 시험이 끝난 후 시험지를 다시 살펴보면서 선생님이 강조하신 내용 중 어느 부분이 실제로 출제되었는지, 과목별로 어떤 문제 유형이 주로 출제되었는지 확인하세요. 선생님께서 선호하는 출제 포인트와 문제 유형을 파악하면 출제자의 시각에서 더 중요한 내용과 덜 중요한 내용을 골라낼 수 있습니다.

수Ⅰ 출제 경향 정리

- 수업 중 따로 풀어주는 단원평가 문제 숫자만 바꿔서 출제됨
- 쎈 B단계 ★★★ 문제 중 시험 문제와 똑같은 문제가 있다는 이야기 들림

③ 내신 시험 대비 방법을 다시 설정하라

모든 학생이 시험에서 원하는 만큼의 결과를 얻는 것은 아닙니다. 성적이 만족스럽지 않은 과목을 여러분의 약점 과목으로 설정하고, 다음 시험에서는 어떻게 준비해야 원하는 성적대로 끌어올릴 수 있는지 고민해야 합니다. 이때 공부법뿐만 아니라 자투리 시간을 얼마나 잘 활용했는지, 밤낮이 바뀌지는 않았는지 등 시험 기간 생활 습관도 함께 돌아보세요.

✦ 기말고사 공부할 때 꼭 기억해!

- 서술형에서 영어 단어 스펠링 틀려서 점수 깎임
  → 학원에서 주는 영어 단어 리스트 제발 확실하게 암기하자!
- 객관식 문제에서 문단 순서 맞추는 문제 많이 틀림
  → 시험 전날에 지문별로 내용 흐름 다시 체크하기!

한눈에 보는 세 번째 기적

- 시험 기간에 닥쳤을 때 내신 공부를 몰아서 하지 마세요. 평소에도 수업 내용을 장기기억으로 전환할 수 있도록 복습 루틴을 만들고, 시험 4주 전부터는 과목별로 개념 공부 - 문제 풀이 - 실전 연습 순서로 계획을 세워 달려야 해요.

- 어떤 과목이든 출제 포인트를 예상해서 암기하고 문제 풀이 중 발견한 약점 유형을 보완하는 것이 내신 시험 준비의 핵심이에요. 연습에서는 틀려도 되지만 실전에서만큼은 절대 틀리지 않겠다는 생각으로, 계속 헷갈리는 내용이나 자주 틀리는 문제는 꼭 집중해서 짚고 넘어가세요.

- 내신 시험을 준비하는 방법은 사람마다 달라요. 어떤 사람은 방법 A를 활용해서 1등급을 유지하지만 어떤 사람에게는 그 방법이 큰 효과가 없을 수도 있어요. 이번 장에서 알려준 과목별 공부법을 절대적인 성공 비법이라고 믿는 것보다는, 직접 여러 공부법을 적용해보고 여러분의 공부 스타일에 맞게 적절히 수정 및 보완하는 것을 추천해요.

- 내신 시험이 끝났다고 절대 방심하거나 풀어져서는 안 돼요. 충분한 휴식을 취한 후에는 공부 페이스를 조금씩 끌어올릴 수 있도록 목표를 여유롭게 설정해야 해요. 거기에 지난 시험을 돌아보는 시간도 필수!

기적을 향한
작은 움직임

독학러를 위한 내신 자료 사이트 모음

고대생의 한마디

저는 내신 시험을 준비하는 4주 동안에는 다니던 학원을 잠깐 쉬고 혼자 공부할 정도로 자기주도학습에 대한 확신이 있었어요. 그런데 처음 내신 독학을 하려고 보니 공부 자료가 부족하다는 점이 가장 큰 문제였습니다. 비슷한 걱정을 하는 여러분을 위해 직접 엄선한 내신 자료 사이트를 과목별로 정리했으니 참고해서 공부해보세요!

기출비 (전과목 / 무료)

https://cafe.naver.com/michiexam/

- 초등부터 고등 자료까지 광범위한 공부 자료 업로드
- 네이버 계정으로 카페 가입 후 등급에 따라 자료 접근 가능
- '중등(고등) 본관(별관) 자료실' 메뉴 내 자료 검색

수학 교과서 자료실 (수학 / 무료)

https://m-schoolbooks.tistory.com/

- 출판사별 수학 교과서 PDF 무료 다운로드
- 수학 교과서 n회독 반복 시 활용하기

족보닷컴 (전과목 / 유료)

https://www.zocbo.com/

- 단원별 최다 빈출 공략, 최다 오답 공략 자료 추천
- 학교별 기출 문제 무료 다운로드

내신코치 (전과목 / 유료)

https://www.nscoach.com/

- 족보닷컴과 유사한 전과목 유료 자료 사이트
- 학교별 기출 문제 무료 다운로드

나무아카데미 (국어 / 유료)

https://namuacademy.com/

- 교과서, EBS 교재, 최신 모의고사 관련 자료 업로드
- 객관식 문제와 서술형 문제로 구분되어 있는 자료

아잉카 (영어 / 유료)

https://ourenglishcafeacademy.com/

- EBS 교재, 최신 모의고사 변형 문제 업로드

이그잼포유 (영어 / 유료)

https://www.exam4you.com/

- 교과서별 본문 8단계 워크북 자료로 본문 암기 연습
- 교과서, EBS 교재, 최신 모의고사 관련 자료 업로드

고대생 언니와의 미라클 티타임

학창 시절 힘들 때마다 했던 생각이 있다면요?

정말 힘들고 지쳐서 아무것도 하고 싶지 않을 때가 있어요. 그럴 때마다 저는 '지금까지 내가 얼마나 열심히 달려왔는데 여기서 포기하면 너무 아깝다.'라는 생각으로 버텼습니다. 목표를 향해 달리고 있었는데 이제 와 멈추면 지금까지 달려온 시간의 의미가 바랜다고 생각했어요. 일단 시작했으면 결과가 좋든 나쁘든 끝장을 보자는 생각으로, 원하는 결과가 아니더라도 포기하지 않는다는 것에 초점을 맞추기로 했습니다. 이 마인드 덕분에 제가 원하는 대학에 합격하고, 좋아하는 공부를 하고, 해보고 싶은 일을 하면서 살고 있지 않을까요? 당장 『올인원 공부법』을 수개월에 걸쳐 준비하고 출판하게 된 것도 포기하지 않았기 때문이니까요.

전교 1등이면 성적이 떨어질까 봐 조마조마하지 않으셨나요?

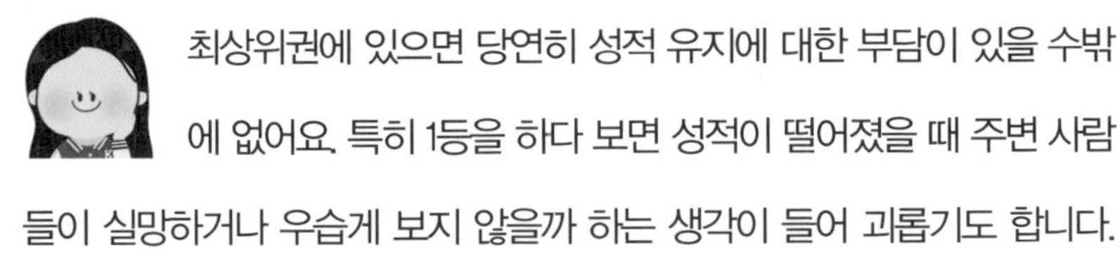

최상위권에 있으면 당연히 성적 유지에 대한 부담이 있을 수밖에 없어요. 특히 1등을 하다 보면 성적이 떨어졌을 때 주변 사람들이 실망하거나 우습게 보지 않을까 하는 생각이 들어 괴롭기도 합니다. 하지만 이런 생각은 별 도움이 안 되더라고요. 그래서 저는 실제로 등수가 잠깐 뒤집어졌을 때, '분명히 저 친구가 나보다 더 노력하고 잘한 부분이 있었을 것이다.'라는 생각을 바탕으로 그 부분이 무엇인지 찾는 데 집중했던 것 같습니다. 그래야 실패를 통해 배우는 점이 있고, 그 다음 시험에서는 이를 보완해 더 높은 곳으로 올라갈 수 있으니까요.

실제로 했었던 가장 큰 일탈이 있다면 한 가지만 소개해주세요.

스터디 카페에서 공부하다가 너무 집중이 안 돼서 친구와 함께 야구 경기를 예매해 보러 갔던 것이 가장 큰 일탈이었어요. 하지만 여기서 핵심은, 그렇게 야구장에 다녀온 날 이후로는 다시 마음을 잡고 공부에 집중할 수 있었다는 거예요. 저는 저 스스로가 그럴 걸 알고 야구장에 다녀왔던 것 같아요. 내신 시험과 모의고사 기간이 겹치면서 쌓였던 스트레스와 알게 모르게 무리했던 시간을 보상받아야 다시 집중할 수 있겠다는 생각이 들었거든요. 무작정 공부를 회피하려던 것이 아니라, 잠깐의 여유를 계기로 집중력을 환기하고 공부에 대한 마음을 다잡을 수 있는지를 먼저 생각했던 것 같습니다.

네 번째 기적

수능 공부 : →

장기전에 지치지 않을 힘을 길러라

여러분은 수능 공부를 언제부터 한다고 생각하시나요? 표면적으로는 고등학교 3학년이 되면서 수험생활을 본격적으로 시작하는 것 같지만 저는 그렇게 생각하지 않습니다. 고등학교 입학부터, 더 넓게는 고등학생이 되기 전부터 공부 습관을 잘 잡고 과목별 기본기를 만들어야 수능 직전 1년을 잘 보낼 수 있기 때문입니다. 이처럼 수능 공부는 길게 보고 오래 하는 장기전입니다. 한 번에 너무 많은 것을 목표로 달리면 마지막까지 가지 못하고 쓰러질 수밖에 없습니다. 거기에 학기 중에 몰아치는 모의고사 일정은 내신 시험 및 학교 행사와 겹쳐 준비에 어려움을 겪는 경우가 많습니다. 그래서 효율적인 모의고사 준비 방법과 체계적인 수능 공부 방법을 정리해 여러분을 위한 진짜 수능 공부 가이드라인을 만들었습니다.

✦

21 학기 중에는 모의고사 공부의 효율을 챙겨라

멘토링 중 만났던 고등학교 1학년 김○○ 학생은 학생부종합전형 준비를 위해 각종 교내활동에 참여하느라 매일 정신 없는 하루를 보내고 있었습니다. 그러던 중 11월 모의고사를 2주 앞두고 모의고사를 준비할 시간이 턱없이 부족하다는 고민을 털어놓았습니다. 수능 최저 학력 기준을 맞춰야 해서 모의고사 성적도 포기할 수 없었기 때문입니다. 김○○ 학생에게 매일 딱 2시간만 활용해 모의고사를 준비하자고 제안했고, 학교생활과 모의고사 준비를 효율적으로 병행해 11월 모의고사에서 전 과목 1등급을 받았습니다. 한 번도 받지 못한 엄청난 결과였습니다.

멘토링 과정에서 제안했던 과목별 공부법을 다듬어 적은 시간을 매일 꾸준히 투자하는 방향으로 학기 중 내신과 모의고사 사이의 균형을 유지하는 방법을 정리했습니다. 딱 하루 2시간만 투자해 준비하세요. 학기 중 바쁜 학생들이 모의고사 성적을 끌어올릴 수 있는 가장 효율적이고 확실한 방법이 될 것입니다.

국어 1일 1지문 공부법 (하루 20분 내외)

① 문학과 비문학 공부 계획을 요일별로 나누어 배치하라

선택과목까지 공부하기에는 시간이 부족할 때는 문학과 비문학만 제대로 공부하겠다는 목표를 설정하세요. 두 과목의 공부 균형을 맞추기 위해 문학은 월수금, 비문학은 화목토와 같이 격일로 배치해야 합니다. 이때 문학과 비문학 중 특히 어렵게 느끼거나 많이 틀리는 과목이 있다면 여러분의 필요에 맞게 비율을 적절히 조정하면 됩니다.

② 하루에 딱 한 지문만 제대로 공부하라

앞서 말한 것처럼 학기 중 모의고사 공부는 높은 효율이 핵심입니다. 그래서 많은 문제를 푸는 것에 집착하기보다 매일 글 읽는 감을 유지하는 것에 초점을 맞추세요. 하루에 딱 한 지문만 집중해서 읽고 내용을 정확히 이해할 수 있는지 확인합니다. 시간을 많이 쓰지 않는 만큼 '딱 지문 하나만큼은 제대로 집중해보자.'라는 마인드를 가져야 합니다.

③ 오답 정리 시 문제가 아닌 지문 내용 자체에 집중하라

채점 후 틀린 문제는 바로 해설을 보는 것이 아니라 다시 지문으로 돌아가야 합니다. 처음 보는 지문이라고 생각하고 처음부터 끝까지 꼼꼼하게 다시 읽어보세요. 이때 지문 읽는 시간을 제한해 처음부터 '빠르고 정확하게 읽기'를 연습하는 것보다 '정확하게 읽기'부터 시작하는 것이 좋습니다. 글의 내용을 파악하고 머릿속에 정보를 구조화하는 연습을 반복하다 보면 '빠르게 읽기'는 자연스럽게 따라오기 때문입니다.

④ 왜 문제를 틀렸는지 정확히 파악하라

글의 내용 중에서 이해하기 어려운 점이 있거나 문제를 다시 풀었는데도 틀렸다면 해설을 참고해 원인을 정확하게 분석합니다. 같은 유형의 문제는 실전에서 또 틀리지 않도록 연습하는 것이 중요합니다. 글로 적힌 해설이 이해하기 어렵다면 해설 강의를 찾아 듣는 것도 좋은 방법입니다.

수학 기출 문제 n회독 공부법 (하루 1시간 내외)

① 모의고사 출제 범위에 따라 공부 분량을 확인하라

학년별, 시기별로 수학 모의고사 출제 범위는 다 다릅니다. 출제 범위를 정확히 확인하고, 기출 문제집을 펼쳐 풀어야 할 문제 범위와 분량을 표시하는 것부터 시작입니다.

예) 2023년 고2 9월 모의고사 출제 범위
수학(영역) - 공통(과목)
[수학Ⅰ] 전 범위
[수학Ⅱ] Ⅰ. 함수의 극한과 연속 1. 함수의 극한 (함수의 극한, 함수의 극한에 대한 성질)

② 목표 성적에 따라 풀어야 할 문제 범위를 정하라

매번 1등급이 나오는 학생이 쉬운 3점 문제만 연습하는 것은 성적 향상에 전혀 도움이 되지 않습니다. 아무리 하위권 학생이 욕심을 내도 어려운 4점 문제를 연습하기는 현실적으로 어렵습니다. 그래서 공부 효율을 높이기 위해서는 목표 성적을 고려해 풀어야 할 문제의 난이도 범위를 설정해야 합니다. 실제로 저는 안정적인 3등급을 목표로 할 때는 어려운 3점 문제와 쉬운 4점 문제만 골라서 풀었고, 1등급 진입을 목표로 할 때는 어려운 4점 문제만 골라 풀며 약점을 보완하는 전략을 세웠습니다.

③ 하나의 문제에 대해 고민하는 시간을 충분히 가져라

채점 후 틀린 문제는 바로 해설을 보는 것이 아니라 처음 보는 문제라는 생각으로 기존 풀이를 머릿속에서 지우고 시작점부터 다시 잡아야 합니다. 이때 여러 번 반복해서 틀리는 약점 유형이 있다면 모의고사 직전에 바로 찾아보기 쉽게 포스트잇 플래그 등으로 따로 표시해두세요.

④ 일주일에 한 번은 틀린 문제만 골라 풀어라

비교적 시간이 많은 주말을 활용해 ③에서 따로 표시해두었던 문제들만 다시 풀었습니다. 표시된 문제는 여러분의 약점이라고 생각하고 제대로 짚고 넘어가야 실전에서 틀리지 않습니다.

영어 약점 유형 공부법 (하루 30분 내외)

① 약점 유형 공부 계획을 요일별로 나누어 배치하라

여러분이 자주 틀리는 독해 문제 유형 3가지만 골라 요일별로 공부 계획을 적절히 나누어 아래와 같이 배치하세요. 매일 많은 시간을 투자해 공부하지 않아도 약점을 보완할 수 있는 가장 효율적인 방법입니다.

월	어법
화	빈칸 추론
수	2문제형 장문
목	어법
금	빈칸 추론
토	2문제형 장문

② 30분 문제 풀이 챌린지 형태로 공부하라

요일별로 공부할 문제 유형을 배치했다면 30분 동안 최대한 많은 문제를 풀기 위한 챌린지 형태로 공부하세요. 매일 반복할수록 문제 푸는 속도가 빨라지고 더 많은 수의 문제를 푸는 여러분의 모습을 확인할 수 있을 것입니다. 문제를 많이 풀겠다고 감으로 찍어 맞히지는 마세요. 정확한 근거 없이 독해 문제를 찍어 맞히는 습관이 생기면 점수 기복이 심해지고 실력이 오르지 않습니다. 답의 근거가 되는 문장을 정확히 찾을 수 있는지 반드시 확인해야 합니다.

③ 지문을 스스로 해석하고 분석하는 시간을 가져라

채점 후 틀린 문제는 바로 해설을 보는 것이 아니라 다시 지문으로 돌아가야 합니다. 영어 지문을 제대로 해석할 수 있는지 확인하고, 해석을 어렵게 하는 단어나 문법 요소가 있다면 이를 노트에 따로 정리해 암기하세요.

이처럼 매일 꾸준히 2시간씩 투자해 과목별로 공부하는 것도 중요하지만 시험 직전에는 실전 감각도 함께 익혀야 합니다. 하지만 실전 연습 전 아래 항목을 모두 체크할 수 있는지 반드시 확인하세요. 개념 공부와 문제 풀이, 약점 보완을 모두 성실히 수행했다는 확신이 있을 때 실전 연습을 해야 합니다.

모의고사 실전 연습 전 꼭 확인해야 할 체크리스트

- ☐ 과목별 개념 공부를 완벽하게 마무리했는가
- ☐ 유형별 기출 문제를 푸는 연습을 꾸준히 했는가
- ☐ 자주 틀리는 약점 유형을 따로 공부했는가
- ☐ 이번 모의고사의 목표 등급을 확실히 설정했는가

모의고사 실전 연습 규칙

① 신뢰할 수 있는 자료를 활용하라

모의고사 실전 연습을 위한 가장 믿을 만한 자료는 작년 모의고사 기출 시험지입니다. 공부하면서 여러 번 봤던 문제도 실전 연습을 할 때만큼은 처음 보는 문제라는 생각으로 푸세요. 만약 답이 기억난다면 답 자체보다 답을 찾는 과정을 마지막으로 연습한다는 생각으로 지문 내용 또는 풀이 과정에 집중해야 합니다.

② 현실적으로 가능한 연습 일정을 정하라

평일은 하교 후 시간을 활용해야 하므로 모든 과목을 실전처럼 연습하기 어렵습니다. 그래서 학원 일정이 없는 주말에 모의고사 시간표에 맞춰 1교시부터 4교시까지 과목별 실전 연습을 추천합니다. 실제 시험 시간에 맞춰 연습하면 과목별 문제 풀이 감각을 실전에 맞게 적응시킬 수 있어 더 효과적입니다.

③ 실전보다 더 실전 같은 환경에서 연습하라

아무리 과목별 실력이 좋아도 정해진 시간 안에 문제를 풀지 않으면 모의고사 점수를 올릴 수 없습니다. 실전 연습을 할 때는 실제 시험 시간에서 5분을 뺀 시간을 맞춰두세요. 실전에서 느낄 긴장감으로 인한 풀이 속도 저하를 보정하기 위함입니다. 그리고 칸막이가 나누어진 독서실이나 스터디 카페 등 조용한 공간에서 제한 시간 동안 집중력을 최대한 쏟을 수 있는 조건을 만들어야 합니다.

④ 나만의 모의고사 행동 강령을 기록하라

실전 연습 후 '왜 잘못된 답을 골랐는지'와 '실전에서 비슷한 문제를 만나면 어떻게 해야 정답을 고를 수 있는지' 이 두 가지 내용을 포함해 여러분만의 행동 강령을 정리하세요. 한 번 틀린 문제를 다시 틀리지 않도록 '정답을 골라내는 사고방식'을 기억하고 되새기는 것이 핵심입니다.

22 모의고사 보고 와서 무작정 쉬지 마라

모의고사를 보고 온 후 집에 돌아와 무작정 눕고 쉬지 마세요. 아침부터 오후 늦게까지 모의고사를 치르면 너무 힘들고 지쳐서 아무것도 하고 싶지 않습니다. 하지만 공부는 흐름 싸움이기도 해서 하루 이틀 공백도 공부 루틴과 습관 형성을 방해하는 치명적인 요인이 됩니다. 모의고사가 끝난 후에는 과목별 부족한 점을 빠르게 정리하고 다시 일상으로 돌아가 학교생활에 충실하세요. 이번 챕터에서는 모의고사가 끝난 후 여러분이 반드시 해야 할 일들을 수시를 준비하는 학생과 정시를 준비하는 학생으로 나누어 짚어드리겠습니다.

수시 준비 학생	정시 준비 학생
① 과목별 틀린 문제 다시 풀기	
② 목표 성적과 실제 성적 맞춰보기	
③ 내신 시험 준비하기	③ 모의고사 후기 작성하기

과목별로 틀린 문제는 반드시 다시 보고 넘어가라

모의고사는 휘발성이 강합니다. 그래서 시험이 끝난 직후부터 어떤 문제가 나왔는지, 무슨 생각으로 그 문제를 풀었는지 잊어버리기 시작합니다. 그래서 오답 정리는 최대한 시험 당일 저녁에 하는 것이 좋습니다. 늦어지더라도 그 주 주말을 넘지 않도록 계획을 세워야 합니다. 만약 오답 정리 과정 중 계속 틀리거나 헷갈리는 개념이 있다면 해설을 보면서 확실히 약점을 보완해야 합니다.

목표 성적과 실제 성적을 비교해서 확인하라

모의고사 채점 후 여러분의 원점수를 바탕으로 예상 등급을 확인하고, 시험 전 생각했던 목표와 실제 성적이 얼마나 일치하는지 비교해보세요. 목표보다 성적을 더 잘 받은 과목은 어떤 점에서 준비가 잘되었다고 할 수 있는지, 목표보다 성적이 더 낮은 과목은 부족한 점과 보완할 점이 각각 무엇인지 돌아보고 다음 시험의 목표 성적을 재설정해야 합니다.

수시 준비 학생

- 다음 내신 시험 준비에 매진하라

수시 전형에서 합불을 결정하는 매우 중요한 요소는 내신 시험 성적입니다. 석차 등급이 환산되어 평가 요소로 포함되는 학생부교과전형은 물론이고, 정성평가인 학생부종합전형에서도 내신 시험 성적이 뒷받침되지 않으면 아무리 의미 있는 활동을 했어도 적성과 능력을 보여주기는 어렵습니다. 그래서 수시 전형을 준비하는 학생이라면 학기 중에는 내신 시험 준비를 가장 우선으로 두어야 합니다. 특히 모의고사 날짜와 내신 시험 준비 기간이 겹치는 경우, 모의고사가 끝난 후 슬럼프나 번아웃을 겪지 않도록 컨디션과 멘탈 관리에 주의하세요.

책 길잡이

슬럼프나 번아웃이 왔을 때 극복할 수 있는 노하우는 부록에서 자세하게 소개하고 있습니다.

정시 준비 학생

- 나만의 모의고사 후기를 작성하라

정시 전형을 준비하는 학생에게는 수능을 미리 연습한다는 점에서 모의고사 한 번 한 번이 매우 소중한 기회입니다. 모의고사 날 하루를 돌아보며 시험 당일 아침 컨디션이 어땠는지, 집중력이 떨어진 교시는 없었는지를 포함해 시험 후기를 구체적으로 작성해두세요. 예를 들어 점심 식사 후 너무 졸리고 집중력이 떨어져 영어 듣기 한 문제를 놓쳤던 점을 기록했다면, 다음 모의고사에서는 식사 후 운동장 한 바퀴 돌기, 초콜릿 챙겨 먹기 등 해결 방법을 고민하고 실천해볼 수 있습니다. 모의고사 후기 노트를 하나 만들어 이렇게 시험 후기를 차곡차곡 모으다 보면 여러분이 수능 시험장에서 활용할 수 있는 맞춤형 행동 규칙이 하나씩 만들어질 것입니다.

23 수능 국어 공부 : 국어의 본질을 파악하라

수능 국어의 목적은 학생들이 글의 정보를 빠르고 정확하게 파악할 수 있는지를 확인하기 위함입니다. 어렵게 생각하지 말고 문학과 비문학 문제가 여러분에게 무엇을 묻고 있는지 그 본질을 이해해보세요. 그래야 국어 공부를 어떻게 해야 하는지 스스로 고민할 수 있습니다.

문학 공부법

- 기본기가 먼저, 기출은 매일 풀어라

① 개념 인강을 수강하며 기본기부터 만들어라

멘토링 중 만났던 고등학교 1학년 천○○ 학생은 무려 세 권의 문제집을 풀며 문학 공부에 시간을 가장 많이 투자하고 있었습니다. 하지만 입학 후 처음 치른 3월 모의고사에서 국어 성적이 원하는 만큼 나오지 않았고 오히려 문학에서 가장 높은 오답률을 기록했습니다. 알고 보니 문제에 자주 나오는 표현이나 개념어를 잘 모르고 있었음에도 기본기를 잡는 것보다 글을 많이 읽는 것이 정답이라고 믿었던 것입니다. 천○○ 학생은 제가 추천해준 문학 개념 인강을 수강한 후 6월 모의고사 문학 파트에서 단 한 문제도 틀리지 않는 기적을 보여주었습니다. 본격적으로 문학 공부를 시작하기 전에 개념 인강으로 문학 작품을 읽는 눈부터 만드세요. 기본기가 탄탄하면 문학 성적은 여러분 생각보다 더 빠르게 상승합니다.

✦ 고대생 언니가 들었던 문학 개념 인강: 이투스 김민정 선생님 〈단 1%만 아는 비밀〉, EBSi 윤혜정 선생님 〈개념의 나비효과〉

② 문제에 자주 등장하는 개념어에 노출시켜라

'구체적 형상화', '객관적 상관물', '도치법', '공감각적 심상', 이러한 개념어가 정확히 무엇을 뜻하는지 자신 있게 설명할 수 있나요? 앞서 소개한 것처럼 개념 인강을 들으며 기본기를 익혔다면 이제는 문학 개념어 교재를 들고 다니면서 다양한 개념어에 반복해서 노출시킬 때입니다. 문제를 풀 때 처음 보는 개념어가 나와 당황하는 일이 없어야 합니다.

✦ 고대생 언니가 풀었던 문학 개념서: 문학 개념어 몽땅 벗기기(이투스북), 떠먹는 국어 문학(쏠티북스), 피램 생각의 전개 문학(오르비북스)

③ 매일 정해진 분량의 기출 문제를 풀어라

수능에 출제될 가능성이 있는 모든 문학 작품을 읽고 정리하는 것은 불가능합니다. 하지만 여러분이 할 수 있는 한 많은 작품을 접해야 실전에서 마주할 새로운 작품에 대한 두려움을 줄일 수 있습니다. 그래서 기출 문제는 매일 꾸준히 풀겠다는 생각으로 현실적으로 실천할 수 있는 분량을 정해야 합니다. 매일 한 지문으로 시작해도 좋으니 꾸준히 작품을 접하는 습관을 만들어 점차 하루에 풀 지문 개수를 늘려보세요.

✦ 고대생 언니가 풀었던 문학 기출 문제집: 마더텅 수능 기출 문제집 국어 문학(마더텅)

④ 고전문학, 정해진 규칙만 알면 된다

많은 학생들이 고전문학을 어려워하는 이유는 익숙하지 않은 형식에서 오는 두려움 때문입니다. 하지만 고전문학은 정해진 규칙이 확실한 갈래입니다. 고전문학 작품의 대부분은 정해진 범위 내 주제로 쓰이고, 주제에 따라 자주 등장하는 어휘도 한정되어 있습니다. 고전문학을 공부할 때는 '어차피 내가 예상한 범위 안에서 나온다.'라는 생각으로 자신감을 가지세요. 막연한 두려움을 떨치면 고전문학에 대한 부담감도 쉽게 해결할 수 있습니다.

지금 당장 공부가 쉬워지는 미라클 솔루션

너무 뻔한 고전문학 주제, 6가지만 기억하세요!

1. 임에 대한 사랑 또는 그리움
2. 신하로서 임금을 향한 충심(忠)
3. 부모에 대한 자식으로서의 효심(孝)
4. 사회적 문제에 대한 비판 의식
5. 자연경관의 아름다움
6. 삶에 대한 마음가짐

⑤ 겁내지 말고 최대한 많은 고전문학 작품에 노출시켜라

특히 현대문학보다 고전문학 문제를 자주 틀린다면 최대한 많은 작품을 접하고 해석과 맞춰보세요. 문제를 맞혔더라도 지문을 읽는 과정에서 뜻을 모르는 어휘가 있거나 감으로 맞혔다는 애매한 느낌이 든다면 꼭 현대어 해석을 찾아 읽어야 합니다. 고전문학이 어려운 가장 큰 이유가 두려움인 만큼 작품을 많이 볼수록 도움이 됩니다.

✦ 고대생 언니가 풀었던 고전문학 작품 모음집: 고전시가의 모든 것(꿈을 담는 틀)

비문학 공부법 - 규칙, 요약, 구조를 잡아라

① 비문학 지문을 읽을 때의 기본 규칙을 지켜라

멘토링 중 만났던 고등학교 2학년 이○○ 학생은 어렸을 때 책을 많이 읽어 배경지식이 충분하다는 이유로 비문학 공부를 하지 않았습니다. 결국 시간이 지날수록 비문학 문제 오답률은 높아졌고, 성적이 떨어진 상태에서 공부를 시작하려니 어디서부터 어떻게 시작해야 할지 몰라 막막했습니다. 비문학은 책을 많이 읽었거나 다양한 분야의 배경지식을 알고 있는 사람이 잘한다는 오해가 많지만 그렇지 않습니다. 지문을 제대로 읽는 연습을 하면 어떤 주제의 지문이 나와도 내용을 정확히 이해할 수 있습니다.

먼저 비문학 공부의 첫 단추를 잘 채우기 위해서는 지문을 읽을 때 6가지 기본 규칙을 반드시 지켜야 합니다. 대부분은 비문학 공부를 처음 시작할 때 글을 제대로 읽는 방법도 모르고 이곳저곳에서 들은 방법을 섞어서 사용하다가 혼란만 더합니다. 지문 내용을 쉽게 구조화하기 위해서는 위에서 소개한 기본 규칙을 바탕으로 글을 읽어보세요.

✦ 고대생 언니가 풀었던 비문학 기출 문제집: 빠작 비문학 독서(동아출판), 마더텅 수능 기출 문제집 국어 비문학(마더텅)

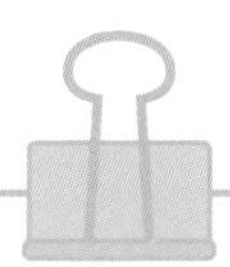

지금 당장 공부가 쉬워지는 미라클 솔루션

비문학 지문 읽기, 기본 규칙 6가지만 지키세요!

1. 지문의 길이와 난이도에 먼저 압도당하지 말고 일단 읽어보세요.
2. 평소 잘 알지 못하거나 이해하기 어려운 분야의 지문은 더 집중해서 읽어보세요.
3. 적어도 하루 한 지문 이상 꾸준히 글에 노출시키세요.

지금 당장 공부가 쉬워지는 미라클 솔루션

4. 글을 읽을 때 밑줄은 문제 풀 때 필요할 것 같은 부분에만 쳐서 풀이 시간을 단축하세요.
5. 익숙하지 않은 기호 표시는 섣불리 따라 하지 마세요. 지문을 읽을 때 기호를 사용하면 구조화에 도움이 될 수는 있지만 모두에게 잘 맞는 방법은 아닐 수 있습니다.
6. 비문학 공부를 막 시작했다면 지문 읽는 시간을 제한하지 말고 내용 자체에 집중해서 읽어보세요. 실력이 늘면 풀이 시간은 자연스럽게 단축됩니다.

② 비문학 지문에 끊임없이 질문을 던지면서 읽어라

비문학 지문을 읽을 때 꼬리에 꼬리를 물며 질문을 던져보세요. 예를 들어 '다음 문단에는 어떤 내용이 나올까?', '글쓴이는 이 글을 어떤 목적으로 썼을까?', '문제에서는 무엇을 물어볼까?'와 같은 질문입니다. 여러분이 적극적으로 지문을 예측하고 분석한다는 생각으로 글의 전개 방향을 예측해보는 것입니다.

지금 당장 공부가 쉬워지는 미라클 솔루션

비문학 지문에 질문을 던지면 이런 생각을 할 수 있어요

… A 양식은 정교한 대칭 건축을 특징으로 하며, 18세기 유럽 건축물에서 쉽게 찾아볼 수 있다.

단순히 건축 양식만 소개하고 끝나지는 않을 텐데… A 양식을 적용한 건축물 몇 개를 예시로 소개하지 않을까?

③ 문단 요약 노트를 만들어라

복습 시 해당 지문을 문제집에서 빠르게 펼쳐볼 수 있도록 지문 위치(ex. 마더텅 p.12 5번)를 적고, 지문 내용을 문단별로 요약해 정리해보세요. 문단 요약 시 일부가 아닌 전체 내용을 포괄할 수 있는 한 문장으로 요약해야 합니다. 이렇게 문단 요약 노트를 만들면 글의 구조를 한눈에 볼 수 있기 때문에 비문학 실력을 단숨에 끌어올릴 수 있는 좋은 도구가 됩니다. 이때 공부 계획이 밀리지 않도록 한 지문당 요약 시간은 10분 이내로 설정하세요.

④ 비문학 지문 구조에 익숙해져라

지문 요약이 끝나면 문단별 핵심 내용만 다시 읽어보면서 구조의 흐름을 익혀보세요. 고교 수준에서 글은 대부분 정해진 구조 안에서 쓰이기 때문에 문단 흐름을 읽는 습관을 만들어두면 글의 내용을 더 빠르고 정확하게 이해할 수 있습니다.

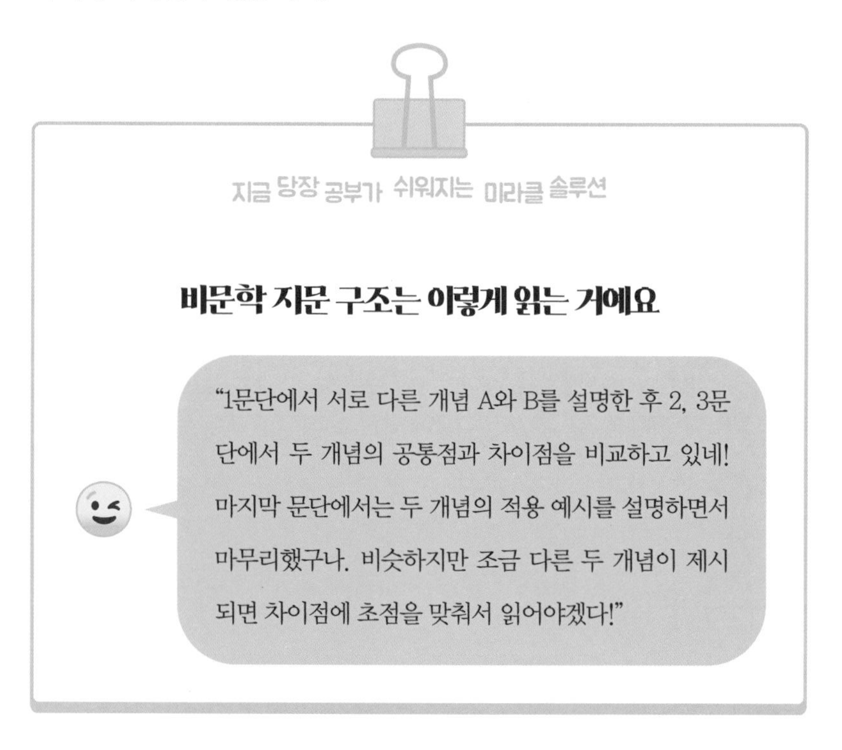

24 수능 수학 공부 : 바닥부터 차근차근 올라와라

멘토링 중 만났던 고등학교 1학년 김○○ 학생은 수학 문제를 많이 풀어도 성적이 오르지 않아 힘든 시기를 보냈습니다. 그런데 우연히 현행 과정의 간단한 개념을 묻는 질문에 제대로 답을 하지 못하는 모습을 보았습니다. 알고 보니 기본기가 잡히지 않은 상태에서 문제만 풀었던 것이 가장 큰 문제였던 것입니다. 평소 풀던 문제집이 아닌 한 단계 쉬운 유형서를 활용해 조금 늦더라도 확실히 공부해야 한다는 점, 모르는 개념이나 공식이 보이면 바로 교과서를 펼쳐 정리하는 습관을 만들어야 한다는 점을 강조했습니다. 결과적으로 김○○ 학생은 다음 모의고사에서 수학 등급을 두 단계나 올릴 수 있었습니다. 이 사례에서 확인할 수 있듯이 수학 공부는 '단계별', '차근차근'이라는 키워드가 가장 중요한 과목입니다. 단계별 과정을 잘 챙기고 있는지 스스로 점검하세요. 현재 위치에 맞는 현실적인 목표를 가지고 한 단계씩 천천히 성장해야 합니다.

수학 공부 3단계 솔루션

1단계 - 개념 공부 : 기본기부터 제대로 잡아라

'문제를 풀다가 헷갈리는 개념이 보이면 그때 외우면 되지.' 수학을 공부할 때 가장 많이 하는 실수입니다. 문제는 개념을 제대로 이해하고 있는지 점검하기 위해 푸는 것입니다. 본격적으로 유형서를 풀기 전 개념을 확실히 정리해야 합니다.

✦ 고대생 언니가 풀었던 수능 수학 개념서: 수학의 바이블(이투스북), 한 권으로 완성하는 수학(시대인재북스)

2단계 - 유형 공부 : 문제 유형을 익혀라

유형서는 매일 공부할 분량을 나누어 밀리지 않고 공부해야 합니다. 앞서 개념 공부 단계에서 학습한 내용이 문제에 어떻게 적용되는지에 초점을 맞추세요. 개념을 문제 풀이 과정에서 적절히 조합하는 연습을 반복해야 수학 성적이 오릅니다.

✦ 고대생 언니가 풀었던 수능 수학 유형서: 마플시너지(희망에듀), 쎈(좋은책신사고)

3단계 - 기출 공부 : 한 권의 기출 문제집을 여러 번 보아라

수학은 기출 문제만큼 풀이 과정이 깔끔하고 완성도가 보장된 문제가 없습니다. 기출 문제를 여러 번 보면서 어떤 개념을 어떻게 적용해야 하는지를 눈감고도 떠올릴 수 있을 만큼 반복하세요. 2회독부터는 틀렸던 문제만 다시 풀어 효율을 높입니다. n회독을 반복할수록 다시 풀어야 하는 문제 수를 줄이는 것을 목표로 두면 수학을 재미있게 공부할 수 있습니다.

✦ 고대생 언니가 풀었던 수능 수학 기출 문제집: 자이스토리(수경출판사), 너기출(이투스북)

한 단계씩 자세하게 짚어보는 수학 기출 공부 방법

① 수학 공부 계획표를 만들어라

매일 풀어야 할 기출 문제를 밀리지 않고 푸는 것이 중요합니다. 수학 공부 계획표를 만들어 주별 공부 내용과 분량을 한눈에 정리하세요.

GOAL : 5/8(월) ~ 6/3(토)까지 올림포스 끝내기!

- 5월 2주차: 올림포스 2단원 문제 풀이
- 5월 3주차: 올림포스 3단원 문제 풀이

→ 5/21(일): 2, 3단원 틀린 문제만 모아 풀기

- 5월 4주차: 올림포스 4단원 문제 풀이
- 5월 5주차: 올림포스 5단원 문제 풀이

→ 6/3(토): 4, 5단원 틀린 문제만 모아 풀기

② 문제는 정석대로 풀어라

풀이 시간 단축을 위한 교과 외 풀이법으로만 연습하다 보면 실전에서 부족한 기본기가 드러날 수밖에 없습니다. 실전이 아닌 연습 과정에서는 풀이 시간을 줄이는 것보다 정확한 실력이 만들어졌는지 점검하는 것이 우선입니다. 정석대로 차근차근 푸는 연습을 하세요.

③ 틀린 문제는 해설을 끝까지 물고 늘어져라

틀린 문제는 처음 본다는 생각으로 새로운 접근 방식을 고민하세요.

만약 충분한 시간을 썼는데도 계속 정답을 찾지 못한다면 해설을 참고해 풀이 과정을 익힙니다. 그리고 해설을 보지 않은 상태에서도 혼자 문제를 풀 수 있는지 다시 점검합니다. 여러분이 쉽게 풀지 못한 문제를 실전에서 만났을 때 또 틀리지 않도록 오답 정리를 확실하게 해야 합니다.

④ 자주 틀리는 문제는 오답 기록장에 정리하라

아무리 열심히 써도 시험 전에 다시 보기 부담스러울 정도로 길고 빽빽한 오답 노트는 비효율적입니다. 여러 번 풀어도 계속 헷갈리고 틀리는 문제만 따로 모아 오답 기록장에 정리하세요. 수학 오답 기록장을 적을 때는 틀린 문제의 위치(ex. 마더텅 수Ⅱ p.23), 문제를 틀린 이유(ex. 공식 암기 부족), 여러분만의 유형별 풀이 규칙(ex. 삼각형 넓이 구하는 공식 쓰면 바로 풀림)을 반드시 포함해야 합니다. 풀이 과정 중 잘한 점과 부족한 점을 나누어 정리하면 시험 직전 잘못된 사고 과정을 빠르게 점검할 때 도움이 됩니다.

✦ 쎈 기하 p.13 53번 문제

- 잘한 점: 준선 긋고 점 A와 B에서 수선의 발 내리기, 포물선 정의에 따라 길이 같은 부분 파악 완료
- 부족한 점: 넓이를 어떻게 구해야 하는지 최종 아이디어까지 도달하지 못함
- 풀이 노하우: 수선의 발 내려서 길이 파악한 것 = y좌표 구한 것! 점 A, B의 x, y좌표만 구하면 넓이 구하기 가능!

4단계 - 고난도 대비 : 어려운 문제를 집중 공략하라

수능 수학에서 상위권을 목표로 한다면 고난도 문제 유형을 집중적으로 공략해야 합니다. 이때 어려운 4점 문제는 한 문제에 오랜 시간을 투자해야 합니다. 하루 공부 분량을 너무 과하게 잡지 마세요. 실제로 저는 어려운 4점 문제 집중 공략 시 하루에 딱 3문제만 정확하게 공부하고 정리할 수 있도록 공부 분량을 제한해 계획을 세웠습니다.

✦ 고대생 언니가 풀었던 수능 수학 고난도 문제집: 4의 규칙(대성마이맥), 531 project Hyper(이투스북)

25 수능 영어 공부 : 어휘, 문장, 글 3단계만 기억하라

수능 영어는 크게 듣기와 독해 영역으로 나뉩니다. 그중에서도 점수의 대부분을 차지하는 독해는 어휘력, 문장 분석, 지문 분석 세 단계를 거쳐 완성됩니다. 절대평가인 만큼 다른 과목보다 상대적으로 등급을 올리기 쉽지만 만만하게 볼 과목은 아닙니다. 이번 챕터에서는 영어 공부법을 단계별로 짚어보고, 현재 여러분의 영어 실력을 고려해 분야별로 실천하기 좋은 공부법 조합까지 함께 추천해드리겠습니다.

영어 독해 공부법

① 매일 정해진 분량의 단어를 외워라

영어는 일상생활에서 쓰는 언어가 아니기 때문에 영어에 노출시키는 것이 중요합니다. 이를 위한 첫걸음이 바로 매일 꾸준히 실천하는 단어 암기입니다. 하루 10개로 시작하는 것도 괜찮습니다. 매일 암기 분량을 정해 미루지 않고 외우는 습관부터 만들어보세요. 암기 습관에 점차 익숙해지고 정해진 분량을 외우는 것이 부담스럽지 않을 때 개수를 조금씩 늘리면 됩니다.

✦ 고대생 언니가 외웠던 수능 영어 단어장: 워드마스터 수능 2000, 워드마스터 하이퍼 2000(이투스북)

② 문장 단위로 글을 뜯어서 분석하라

긴 지문을 읽기 전 영어 문장에 최대한 많이 노출시켜야 합니다. 영어로 된 글을 읽는 것에 대한 부담과 두려움이 많이 줄어듭니다. 본격적으로 문장을 해석하고 구조를 분석하기 전, 모르는 단어와 문법 포인트를 찾아 정리해보세요. 여러분이 한 해석과 모범 해석을 비교하며 내용을 제대로 이해했는지도 함께 확인해야 합니다. 이 과정을 잘 수행하면 영어 독해 실력은 눈에 띄게 성장합니다.

✦ 고대생 언니가 풀었던 수능 영어 구문 분석서: 천일문 시리즈(쎄듀)

③ 최대한 많은 기출 지문에 노출시켜라

영어 문장에 익숙해졌다면 이제는 직접 글을 읽고 문제를 푸는 단계입니다. 영어는 독해 문제의 난이도와 유형이 정형화되어 있습니다. 유형별 기출 문제를 풀면서 특히 자주 틀리는 유형이 무엇인지 확인해야 합니다.

✦ 고대생 언니가 풀었던 수능 영어 기출 문제집: 빠바 유형독해(능률교육), 마더텅 영어 독해, 마더텅 20분 미니 모의고사 영어 영역(마더텅)

④ 문제 풀이 중 발견한 약점 유형을 집중 공략하라

여러분의 약점 유형이 무엇인지 알았다면 그 유형에 집중해서 공부해야 합니다. 대부분의 학생들이 어려워하고 잘 틀리는 독해 유형(ex. 빈칸 추론, 문단 순서 맞추기, 문장 삽입 등) 문제만 모아 고난도 대비를 돕는 문제집이 시중에 판매되고 있습니다. 이를 활용하면 약점 유형의 정답률을 높일 수 있습니다.

✦ 고대생 언니가 풀었던 수능 영어 고난도 문제집: N기출 고난도 독해(미래엔에듀), 수능실감 독해 최우수문항 500제(쎄듀)

영어 듣기 2주 마스터 공부법

영어 듣기 문제는 수능 영어에서 기본 점수를 주는 문제라고 생각합니다. 그런데 이러한 듣기 문제에서 점수를 깎인다면 얼른 숨은 점수를 찾아 여러분의 것으로 만들어야 합니다. 하루에 딱 30분씩만 투자해서 2주 안에 영어 듣기를 마스터해보세요.

- 1일차: 듣기 모의고사 1회분
- 2일차, 3일차: 틀린 문제 스크립트 정리
- 4일차: 듣기 모의고사 1회분
- 5일차, 6일차: 틀린 문제 스크립트 정리
- 7일차: 휴식
- 8일차: 듣기 모의고사 1회분
- 9일차, 10일차: 틀린 문제 스크립트 정리
- 11일차, 12일차, 13일차: 오답률 높은 유형 스크립트 및 음원 반복
- 14일차: 듣기 실력 완성

앞에서 제시한 영어 듣기 2주 마스터 플랜을 실천하기 전, 구체적인 방법과 노하우를 꼭 참고하세요.

① 듣기 문제를 실전처럼 풀어라

1일차, 4일차, 8일차에 푸는 듣기 모의고사는 모두 다른 시험지로 실전처럼 시간을 맞춰 놓고 풀어보세요. 가장 도움되는 자료는 같은 학년의 전년도 6월, 9월, 11월 영어 모의고사 듣기 문제입니다. 듣기 공부를 시작할 때 모의고사를 풀어야 하는 이유는, 여러분이 주로 틀리는 문제 유형이 무엇인지 정확히 알기 위해서는 직접 풀고 틀려봐야 하기 때문입니다. 영어 듣기 문제를 다 맞히지 못하는 학생은 보통 똑같은 문제 유형에서 비슷한 이유로 틀리는 경우가 대부분입니다.

② 스크립트를 보며 틀린 이유를 찾아라

매번 가격 계산 문제를 틀리던 고등학교 2학년 정○○ 학생은 저를 만나기 전까지 스크립트가 무엇인지조차 몰랐습니다. 앞서 소개한 영어 듣기 2주 마스터 공부법을 알려주며 틀린 문제의 스크립트를 보고 가격 할인율에 대한 표현을 따로 정리하라고 지도했습니다. 2주 동안 반복해서 스크립트 속 핵심 표현을 정리하고 반복한 결과, 더 이상 영어 듣기 문제에서 점수를 깎이지 않았습니다. 틀린 문제의 스크립트에 있는 모르는 단어나 정확한 해석이 불가능한 표현을 확실하게 이해해야 합니다. 스크립트를 정확히 해석했을 때와 그렇지 않았을 때 음원이 들리는 정도가 달라집니다. 문장 구조와 내용이 귀에 더 잘 들어오면 영어 듣기에 대한 자신감도 높아집니다.

③ 오답률이 높은 유형은 스크립트와 음원을 반복해서 공부하라

듣기 문제의 정답은 음원 속 빠르게 지나가서 놓치기 쉬운 문장 속에 숨어 있습니다. 그래서 틀린 문제의 스크립트를 분석해 내용을 정확히 파악했다면 점심시간, 이동 시간 등 자투리 시간을 활용해 음원을 반복해서 들어야 합니다. 글로 적힌 대사를 보는 것과 실제 발음과 억양으로 듣는 것은 완전히 다르기 때문입니다.

수준별 영어 공부 루틴 추천

① 영어 노베이스 ~ 하위권 (5등급 이하)

- 단어: 매일 영어 단어 암기 + 전날 암기한 영어 단어 복습
- 독해: 단어장 1회독 마무리 후 문장 분석 공부 시작
- 듣기: 듣기 문제 틀리지 않을 때까지 2주 마스터 공부법 반복

지금 당장 공부가 쉬워지는 미라클 솔루션

영어 하위권을 위한 고대생 언니의 조언

단어 암기만으로 등급을 올릴 수 있는 구간입니다. 영어 공부를 막 시작했거나 하위권에서 벗어나지 못하는 학생의 문제는 부족한 어휘력입니다. 영어 단어 암기에 가장 많은 시간을 투자해 적어도 하루 30개 이상 꾸준히 암기하는 것을 추천합니다.

② 영어 중위권 (3~4등급)

- 단어: 매일 영어 단어 암기 + 전날 암기한 영어 단어 복습
- 독해
  - 하루에 풀어야 할 독해 문제 개수 정하고 밀리지 않기
  - 19~30번 문제 유형은 모두 맞힐 수 있도록 공부하기
  - 자주 틀리는 독해 문제 유형 확인 후 약점 보완하기

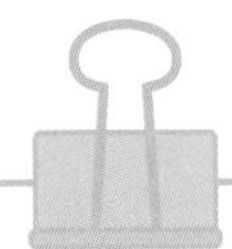

지금 당장 공부가 쉬워지는 미라클 솔루션

영어 중위권을 위한 고대생 언니의 조언

중위권 학생의 경우, 기출 문제 공부를 제대로 하고 있지 않으면서 잘하고 있다고 착각하곤 합니다. 무조건 많은 문제를 푼다고 해서 성적이 오르는 것이 아닙니다. 자주 틀리는 문제를 다시 틀리지 않도록 유형별로 정리하는 것이 핵심입니다.

③ 영어 상위권 (1~2등급)

- 단어: 매일 영어 단어 암기 + 전날 암기한 영어 단어 복습
- 독해
  - 31~45번 문제 유형 오답률 줄이기
  - 자주 틀리는 독해 문제 유형만 골라 매일 연습하기
  - 문제 유형별 주의할 점이나 나만의 풀이 규칙 정리하기
- 실전 연습
  - 1주 또는 2주에 한 번씩 주말을 활용해 기출 시험지 풀기
  - OMR카드 활용, 조용한 장소에서 풀기 등 실전 조건 맞추기
  - 실제 시험 시간보다 5분 적은 65분에 맞춰 풀기

지금 당장 공부가 쉬워지는 미라클 솔루션

영어 상위권을 위한 고대생 언니의 조언

절대평가 특성상 영어 상위권 학생들은 영어에 투자할 시간을 아껴 다른 과목에 투자하는 것이 효율적입니다. 1등급 학생은 실전 감각을 잃지 않도록, 2등급 학생은 약점을 보완해 확실한 1등급으로 올라갈 수 있도록 짧은 시간 안에 집중력을 높여 공부하는 전략을 세우세요.

26 수능 과탐 공부 : 타임어택 속 실전 감각을 익혀라

탐구 과목 공부를 늦게 시작하면 개념 공부와 문제 풀이를 충분히 연습할 시간이 없어 원하는 성적을 만들기 어렵습니다. 상위권 포화 현상이 심한 탐구 과목의 특성상 제대로 공부하지 않으면 등급이 큰 폭으로 떨어질 수 있어 특히 주의해야 합니다. 수능에서 어떤 과목을 선택할 것인지는 고2 여름방학에 결정하세요. 늦더라도 예비 고3 겨울방학 전까지는 반드시 확정해야 합니다. 실제로 저는 고등학교 2학년 여름방학을 시작하며 선택과목을 확정했고, 방학 중 개념 강의를 들으며 가볍게 수능 개념을 미리 보았습니다. 이것이 예비 고3 겨울방학에 바로 문제 풀이 강의부터 시작하며 탐구 과목 공부에 많은 시간을 쓰지 않아도 된 이유입니다. 이번 챕터에서는 제가 탐구 과목을 혼자 공부할 때 인강 커리큘럼을 어떻게 따라갔는지를 단계별로 정리하려고 합니다.

① 개념 인강으로 기본기를 잡고 서브 노트를 활용하라

멘토링 중 만났던 고등학교 3학년 강○○ 학생은 화학Ⅰ 개념 공부 중 한 가지 문제를 마주했습니다. 인강을 들은 지 이틀이 넘어가면 지난 개념이 머릿속에서 사라진 것 같아 극심한 불안감에 빠졌던 것입니다. 불안을 해결하기 위해서는 개념을 반복해서 복습하는 환경을 만들어야 한다고 생각했습니다. 그래서 인강 서브노트를 매일 들고 다니며 정리된 개념을 반복해서 보라고 조언했습니다. 서브 노트를 매일 들고 다니며 강의 내용을 복습하고 암기 여부를 점검하면 개념 공부 단계의 효과는 배로 늘어나기 때문입니다. 강○○ 학생과의 멘토링이 끝나는 날, 서브 노트를 어떻게 활용해야 하는지 알려준 것이 화학Ⅰ 공부를 포기하지 않고 1등급을 받을 수 있었던 비법이라는 말을 들었습니다.

✦ 고대생 언니가 들었던 수능 과탐 개념 인강

– [생명과학1] 메가스터디 한종철 선생님 〈철두철미 개념완성〉
– [지구과학1] 메가스터디 오지훈 선생님 〈입문 특강〉
– [지구과학1] 메가스터디 오지훈 선생님 〈MAGIC 개념완성〉

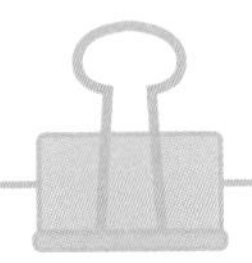

지금 당장 공부가 쉬워지는 미라클 솔루션

서브노트란 무엇인가요?

서브노트의 원래 의미는 강의를 들으면서 중요한 내용을 요약해 보충 자료로서 정리한 노트를 뜻합니다. 두껍고 무거운 교재를 들고 다니기 어렵다면 자투리 시간이나 시험 직전에 서브노트만 보고도 핵심을 파악할 수 있습니다. 보통 인강 교재에 포함되는 서브노트는 학생들이 직접 제작하기에 시간이 없다는 점을 고려해 핵심 개념이 정리된 상태로 제작되어 휴대하기 편한 크기로 제공됩니다.

② 유형별 기출 문제집을 2번 이상 반복해서 풀어라

개념이 머릿속에 저장된 후 기출 문제를 풀면서 실전 감각을 익힙니다. 탐구 과목은 개념을 제대로 기억하고 있는지 문제로 점검하는 과목입니다. 그래서 기출 문제집은 2번 이상 반복해서 풀어야 합니다. 처음 문제를 풀 때 문제집에 표시하지 않고 연습장을 활용하면 같은 문제집을 또 사지 않아도 됩니다.

✦ 고대생 언니가 풀었던 수능 과탐 기출 문제집: 자이스토리 생명과학 I , 자이스토리 지구과학 I (수경출판사)

③ 약점 유형 풀이 노트를 만들어라

기출 문제집을 2번 이상 풀었을 때 계속 틀리는 문제는 스캔 후 노트에 붙이세요. 그리고 문제에서 묻고 있는 개념을 요약해 정리합니다. 모의고사 및 수능 직전에 이 노트만 빠르게 훑어보아도 여러분의 약점 유형과 보완 방법이 한눈에 보여 도움이 될 것입니다.

④ 고난도 유형을 집중 공략하라

탐구 과목은 어려운 3점 문제로 출제되는 단원이 정해져 있어 상대적으로 고난도 대비를 하기 쉬운 과목입니다. 사람마다 어려워하는 문제 유형은 다르기에 여러분이 특히 어렵게 느끼는 문제 유형이 무엇인지 파악하는 것이 우선입니다. 상위권의 사고 과정을 배워 적용하겠다는 생각으로, 하나의 문제에 많은 시간을 투자해 고민해보는 습관을 만들어보세요.

✦ 고대생 언니가 들었던 수능 과탐 고난도 스킬 강의
– [생명과학1] 메가스터디 한종철 선생님 〈자료 분석의 기술〉
– [지구과학1] 메가스터디 오지훈 선생님 〈유형별 자료 분석〉

⑤ 실모 자료를 적극적으로 활용하라

수능 탐구 과목은 제대로 공부하지 않으면 시간 안에 풀기 어렵습니다. 이를 '타임어택'이라고도 합니다. 그래서 탐구 과목 시험을 준비할 때는 제한 시간 안에 문제를 푸는 연습이 필수입니다. 저는 수능을 앞둔 9월부터 인강 커리큘럼에 포함된 실전 모의고사 자료를 구매해 실전 연습 위주로 탐구 과목 공부를 이어나갔습니다. 실전 연습을 한 번도 해보지 않았다면 처음에는 제한 시간 안에 모든 문제를 풀기 어렵습니다. 실전 연습을 반복할수록 점차 풀이 시간이 단축되는 기적을 확인할 수 있을 것입니다.

✦ 고대생 언니가 풀었던 수능 과탐 실전 모의고사

– [생명과학1] 메가스터디 한종철 선생님 실전모의고사

– [생명과학1] 메가스터디 백호 선생님 봉투모의고사

한눈에 보는 네 번째 기적

- 내신 시험 기간에 시험 준비에 투자하던 시간과 노력을 다음 내신 시험 기간이 되기 전까지 모의고사 공부에도 분산해서 투자하세요. 내신과 모의고사의 균형을 잘 맞추는 사람이 바쁜 학기 중 기간을 잘 보낼 수 있어요.

- 내신 시험이 끝나도 수행평가, 동아리 활동, 교내 대회 등의 일정이 겹치면 모의고사 공부에 온전히 시간을 쏟기 힘들죠. 특히 내신 시험 기간과 모의고사 날짜가 겹치는 6월에는 둘 중 무엇이 중요하다고 콕 집어 말할 수 없기 때문에, 적은 시간을 써도 최대한의 공부 효율을 낼 수 있는 준비 방법을 찾아야 해요.

- 과목별 수능 공부의 기본 순서는 개념 공부 → 기출 문제 풀이 → 고난도 문제 대비의 흐름으로 이어집니다. 앞 단계가 탄탄해야 다음 단계로 넘어갔을 때 어려움이 없어요. 무작정 빠르게 치고 나가는 것만 좇지 말고 빈틈없이 실력을 채운다고 생각해주세요.

기적을 향한
작은 움직임

선택과목 고르기 전 반드시 확인해야 할 것

고대생의 한마디

국어, 수학, 탐구까지, 수능 응시 과목을 직접 선택해야 해서 머리가 지끈거리는 여러분을 위해 선택 기준을 정리해보았어요. 선택과목을 고르기 전에 꼭 생각해봐야 하는 내용을 담았으니 질문에 대한 여러분의 답을 떠올려보세요. 절대적인 기준이 될 수는 없어도 작은 도움이 되기를 바랍니다.

국어(화법과 작문 vs 언어와 매체)

① 공부 성향을 고려했을 때 여러분과 잘 맞는 과목인가요?

글을 읽고 내용을 빠르고 정확하게 파악하는 데 강하다면 '화법과 작문'을 선택해 국어 선택과목 공부에 투자할 시간을 줄일 수 있습니다. 비문학 점수가 높다면 '화법과 작문' 선택을 염두에 두세요. 반대로 평소 암기에 강한 성향이라면 문법 공부에 유리해 '언어와 매체'를 선택하는 것을 추천합니다. 문법 개념을 제대로 외워두면 선택과목에서 문제 풀이 시간을 단축해 문학과 비문학 문제에 더 많은 시간을 투자할 수 있습니다.

② 실전까지 남은 시간적 여유가 충분한가요?

'언어와 매체'는 문법 개념을 이해하고 암기해야 하므로 공부 시간을 더 많이 투자해야 합니다. 반대로 '화법과 작문'은 상대적으로 추가 학습 부담이 크지 않은 과목입니다. 문학과 비문학 공부만으로도 시간이 부족한 경우 '화법과 작문'을 선택하는 것이 안전합니다. '언어와 매체'를 선택하는 것은 새로운 탐구 과목 하나를 추가하는 것과 같습니다. 충분한 시간과 노력을 투자해야 점수를 확보할 수 있기 때문입니다.

수학 (미적분 vs 기하 vs 확률과 통계)

① 세 과목의 특성과 장점을 정확히 알고 있나요?

미적분은 응시 인원이 많고 난이도가 높아 동일한 원점수일 때 기하 또는 확률과 통계를 고른 학생보다 훨씬 높은 표준점수를 받을 수 있다는 점에서 정시 전형을 준비하는 학생에게 유리합니다. 하지만 미적분은 이러한 이유에서 공부 부담이 훨씬 크기 때문에 더 많은 시간을 투자해서 공부해야 하는 과목이기도 합니다.

지금 당장 공부가 쉬워지는 미라클 솔루션

원점수와 표준점수는 무엇이 다른가요?

원점수는 말 그대로 여러분이 채점 후 100점 중 몇 점을 받았는지를 의미합니다. 표준점수는 원점수가 평균으로부터 얼마나 떨어져 있는지를 나타내는 점수로, 전체 응시생 중 여러분의 상대적인 위치를 알 수 있는 지표가 됩니다. 예를 들어 같은 원점수라도 시험이 어려워 평균이 낮다면 표준점수 최고점은 높게 나오지만, 시험이 쉬워 평균이 높아지면 표준점수 최고점은 낮게 환산됩니다.

② 원하는 대학이나 학과의 지원 자격에 맞는지 확인했나요?

상위권 대학 이공계열 학과에서는 정시 수능 수학 선택과목으로 미적분 또는 기하 중 하나를 선택하도록 지원 자격이 제한된 경우가 대부분입니다. 확률과 통계의 경우 일부 상위권 대학의 제한된 학과에만 지원할 수 있습니다. 그래서 선택과목을 정하기 전에 원하는 대학 및 학과의 입시 요강을 반드시 확인해야 합니다. 수능까지 얼마 남지 않은 시점에서 지원 자격에 맞춰 급하게 선택과목을 변경하면 공부 계획이 완전히 흐트러집니다.

탐구

① 다른 과목보다 특히 재미있다고 느끼는 포인트가 있었나요?

특히 탐구 과목은 흥미를 붙여 공부해야 성적이 빠르게 오르기 때문에 다른 과목보다 더 재밌고 공부할 맛 나는 과목을 골라야 합니다. 희망 학과와 연관된 과목을 선택하는 것도 좋습니다.

② 원하는 대학이나 학과의 지원 자격에 맞는지 확인했나요?

사회탐구와 과학탐구 과목을 조합해서 선택할 수 있는 시스템이지만 상위권 대학 이공계열 학과에서는 정시 수능 탐구 선택과목으로 과학탐구 두 과목을 선택하도록 지원 자격이 제한된 경우가 대부분입니다. 이공계열 진학을 희망하는데 사회탐구 과목을 선택하면 지원 자체가 불가능할 수 있다는 것입니다. 수학과 마찬가지로 탐구 과목을 선택하기 전에 원하는 대학 및 학과의 입시 요강을 반드시 확인해야 합니다.

고대생 언니와의 미라클 티타임

'공부는 머리다 vs 노력이다'?

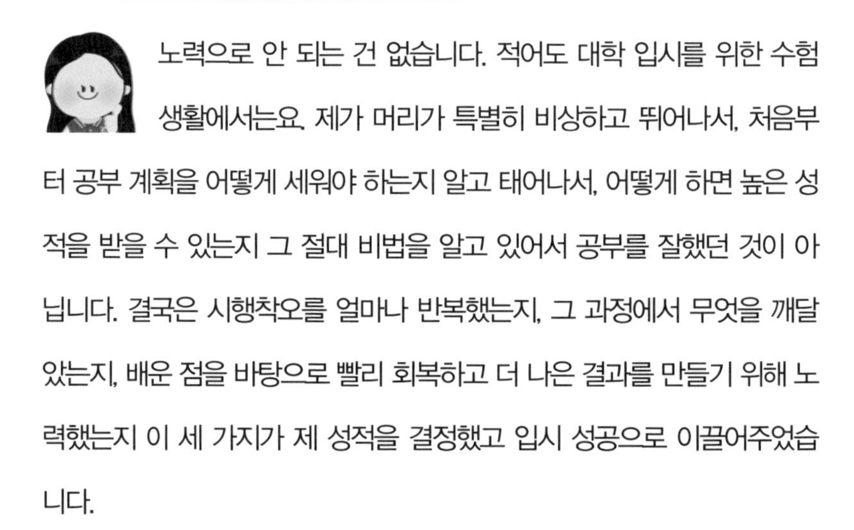

노력으로 안 되는 건 없습니다. 적어도 대학 입시를 위한 수험생활에서는요. 제가 머리가 특별히 비상하고 뛰어나서, 처음부터 공부 계획을 어떻게 세워야 하는지 알고 태어나서, 어떻게 하면 높은 성적을 받을 수 있는지 그 절대 비법을 알고 있어서 공부를 잘했던 것이 아닙니다. 결국은 시행착오를 얼마나 반복했는지, 그 과정에서 무엇을 깨달았는지, 배운 점을 바탕으로 빨리 회복하고 더 나은 결과를 만들기 위해 노력했는지 이 세 가지가 제 성적을 결정했고 입시 성공으로 이끌어주었습니다.

수시와 정시 중 더 나은 전형을 추천하자면 무엇일까요?

두 입시 전형 중 어느 것이 낫다, 어느 것이 절대적으로 유리하다고 말할 수 있는 사람은 아무도 없습니다. 학생마다 각자의 성향과 목표가 다르기에 이를 고려해 자신에게 더 잘 맞는 전형이 무엇인지 고민해야 합니다. 저는 수시 전형으로 대학에 입학하기 위해 3년 동안 내신 성적을 유지하고 각종 교내활동에 성실하게 참여하는 것이 얼마나 꼼꼼해야 성공하는 일인지 잘 알고 있습니다. 하지만 꾸준히 수능 공부를 해서 시험 당일 하루에 모든 것을 쏟아 원하는 결과를 만들어야 하는 정시 전형도 만만치 않음을 압니다. 두 전형 중 더 쉽고 만만한 것을 골라낼 절대적인 구분법은 없습니다.

다섯 번째 기적

입시 전략 : 나만의 성공 비법을 만들어라

원하는 대학에 들어가 좋아하는 전공을 깊이 있게 학습하고자 한다면 공부와 입시를 별개로 생각하지 마세요. 공부와 마찬가지로 입시도 오랜 기간 꾸준히 준비할 때 좋은 결과를 만들 수 있습니다. 저는 평소 학교생활에 성실히 참여하는 학생이었고 내신 공부에 자신이 있었기에 학생부종합전형을 준비하겠다는 생각으로 고등학교 입학 전 3년 동안의 입시 로드맵을 그렸습니다. 입시를 제대로 준비하기 위해서는 고등학교 입학 전부터 미리 대학 입시 전형의 종류와 평가 기준을 찾아보아야 합니다. 그리고 여러분이 가장 잘 준비할 수 있는 전형이 무엇인지 스스로 고민해보세요. 여러분에게 입시 성공의 기적이 찾아오기를 바랍니다.

27 진로 역량, 억지로 끼워 맞추지 마라

멘토링 중 만났던 고등학교 1학년 오○○ 학생은 이런 말을 했습니다.

"의대를 가고 싶은데 사회 과목 세특은 의학이랑 어떻게 연관 지어야 하는지 잘 모르겠어요."

이 말을 듣고 학생들이 학생부종합전형을 완전히 잘못 이해하고 있음을 깨달았습니다. 희망하는 전공 및 진로와 관련된 활동을 통해 대학에 매력적으로 보여야 하는 것은 맞지만 모든 활동을 희망 전공 및 진로에 억지로 맞출 필요는 없습니다.

학생부종합전형의 목적과 본질을 오해하면 모든 활동을 희망 전공 및 진로와 관련 있는지를 기준으로 나누게 되어 정말 도움 되는 활동을 골라내지 못합니다. 의미 있는 활동을 진행하고도 희망 전공과 관련 없다는 이유로 활용하지 못하기도 합니다. 여러분이 자주 하는 질문을 바탕으로 진로 역량에 대한 오해와 진실을 명확히 짚어드리겠습니다. 오○○ 학생도 기존에 가지고 있던 입시 준비에 관한 고정 관념에서 벗어나 다양한 경험을 쌓으며 학생부종합전형으로 꿈꾸던 학교에 합격했습니다.

지금 당장 입시가 쉬워지는 미라클 솔루션

진로 역량이 정확히 무엇인가요?

학생부종합전형의 평가 기준 중 핵심이 되는 요소로, 희망 전공을 향한 지원자의 관심과 열정, 대학 진학 후 전공 공부를 수행할 수 있는 기초적인 학업능력 및 적성을 포함하는 개념입니다.

Q1. 생명과학 전공을 희망하는 학생입니다. 영어 세특을 작성할 때 어떻게 하면 생명과학과 연관 지어 내용을 만들어낼 수 있을까요?

진로 역량이라는 개념을 오해하면 무조건 모든 활동을 희망 전공 및 진로와 관련지어야 한다고 생각합니다. 하지만 굳이 과학을 주제로 한 활동이 아니더라도 영어 공부에 대한 열정과 실력을 보여줄 수 있는 내용이라면 충분히 좋은 생활기록부 소재가 될 수 있습니다. 영어 강의를 수강하거나 영어 논문을 공부하는 등 전공 공부에 더 유리하다는 이미지를 심어줄 수 있기 때문입니다. 어휘력이 뛰어나고 영어 독해 실력이 우수하다는 내용은 과학 관련 주제가 아니지만 진로 역량을 확실히 보여줄 수 있는 내용입니다.

> 고대생 언니의 생활기록부 몰래 보기
>
> 실용영어 Ⅰ : 글의 전체 맥락에 대한 이해가 빠르고 문장 구조 파악 능력이 우수함. 과제로 주어진 독해 지문의 주제와 핵심 어구를 파악하여 발표수업을 하면서 수업에 적극적으로 참여함. 매 단원이 끝나면 실시되는 어휘 시험에 적극적으로 참여하며 우수한 성취도와 꾸준한 향상을 보임. 영어에 대한 관심이 많아 수업 자투리 시간(5분)을 이용하여…

Q2. 학교에서 진행하는 활동들은 제 진로 분야와 직접적인 연관성이 없습니다. 꼭 학교 활동에 참여해야 할까요?

진로 역량은 반드시 희망 전공과 관련된 활동으로만 보여줄 수 있는 것이 아닙니다. 진로 분야와 직접적인 연관성이 없더라도 여러분이 배우고 느낄 수 있는 점이 있는 활동이라면 적극적으로 참여하세요. 수업 시간에 적극적으로 발표하거나 글쓰기, 토론 등의 활동에 참여하면 대학에서 공부할 때 갖추어야 할 사회적 소통 능력을 가지고 있음을 어필할 수 있습니다.

고대생 언니의 생활기록부 몰래 보기

미래기술/환경 글쓰기 대회	은상(2위)	2016.05.19.	고등학교장	1,2학년 중 참가자(123명)
백일장(운문)	동상(3위)	2016.06.17.	고등학교장	1학년 중 참가자(200명)

지구과학 Ⅱ : 과학 기술의 발전과 기술이 사회에 미칠 영향에 대해 상상해보고 그 생각을 '당신의 행성을 사랑하라'라는 제목의 글로 유창하게 표현함. 과학에 대한 관심이 많고 기초 지식도 많은 학생으로 수업 태도가 매우 우수하고…

Q3. 지금까지 정말 많은 활동을 해왔습니다. 생활기록부에 어떤 활동을 했는지 쭉 나열하면 제 뛰어난 진로 역량을 확실히 보여줄 수 있겠죠?

생활기록부 내용을 작성할 때 활동 이름만 줄줄이 나열하지 마세요. 생활기록부 작성의 핵심은 한정되어 있는 분량 안에서 자신의 진로 역량을 최대한 어필하는 것입니다. 활동에서 느끼고 배운 점이 하나도 없는 생활기록부는 평가자에게 아무런 매력이 없습니다. 진로 역량을 제대로 보여주기 위해서는 여러분만의 배움과 깨달음을 진솔하게 녹여내 대학 입학 후 이러한 경험이 어떻게 도움 될 것인지 보여주어야 합니다.

고대생 언니의 생활기록부 몰래 보기

(1학기)생명과학Ⅰ : 현미경을 이용하여 세포 분열을 관찰하면서 현미경 조작에 익숙해졌으며 실험에 사용된 영구프레파라이아트가 어떤 방법으로 제작되었는지 의문을 가지고 찾아보았으며 현미경을 이용하여 다른 세포 소기관을 관찰하고자 하는 의욕을 보임. 수업시간에 다룬 감수분열의 원리로부터 인공 수정 시 정자와 난자를 선별할 수 있을 것이라는 확장된 생각을 발표함.

Q4. 완성도 높은 생활기록부를 만들기 위해 고등학교 3년을 어떻게 보내야 할까요?

좋은 생활기록부는 한 번에 뚝딱 만들어지는 것이 아니라 3년 동안 다양한 활동에 골고루 참여하는 과정에서 자연스럽게 만들어집니다. 특히 희망 전공과 관련된 활동은 각 활동을 하나의 흐름으로 묶을 수 있도록 연결고리를 만들어야 합니다. 여러분의 이해를 돕기 위해 실제 제 생활기록부 내용과 각종 활동 자료를 바탕으로 고등학교 3년 동안 참여했던 생명과학 관련 활동들을 하나의 흐름으로 연결해 보겠습니다.

✦ 고등학교 1학년, 유전 분야에 호기심을 느끼다

과학 동아리에 가입해 과일에서 DNA를 추출하는 실험을 수행하며 유전 분야에 대한 흥미가 높아졌습니다.

이러한 흥미를 확장하고자 그해 말에는 교내 방과 후 실험 교실에 참여해 DNA 전기영동 실험을 직접 실습했습니다. 복잡하고 어려운 실험을 직접 수행하며 생명과학을 향한 흥미와 관심이 더 높아졌습니다.

고대생 언니의 생활기록부 몰래 보기

갈릴레이 심화 실험 교실(2016.11.21.~2016.11.25.)에 참가하여 광통신 원리, 초발수 현상(연잎 효과), 농도에 따른 반응속도(아이오딘 시계반응), 람다 DNA를 이용한 제한효소 탐구 및 전기영동, 멸치 해부, 편광현미경을 이용한…

(GIS(과학반)A(1학년)(33시간)) ◯ 세 번의 과학 강연을 듣고 자신이 느낀 바를 성실히 감상문으로 작성하여 제출함. ◯ 사이펀 물 펌프, 수소폭명실험, 앙금반응불꽃색을 이용한 수용액 맞히기, 아스피린 합성실험, 나일론 합성실험, 액화질소 반응실험, DNA 추출실험 등 여러 실험을 계획하고 조별 실험에 참여하였음. 이 과정에서 과학의 여러가지 원리를 익히고…

✦ 고등학교 2학년, 학교 밖에서 더 다양한 경험치를 쌓다

고등학교 2학년 진학을 앞둔 겨울방학에 학교 실험실이 아닌 다른 조건에서 유전 실험을 진행해보고 싶다는 생각이 들었습니다. 이에 동아리 친구들과 함께 서울대학교 농업생명과학대학 실험 캠프에 참여해 서울대학교 재학생들과 함께 DNA 관련 실험을 진행했습니다.

DNA를 주제로 한 유전 실험을 반복하며 생명과학을 향한 관심이 가장 높아졌을 때, 지역 내 생명공학연구소 인턴으로 활동할 기회가 주어졌습니다. 매주 주말 연구소에 방문해 유전공학을 주제로 한 전문가 강연을 듣고 간단한 유전공학 기술을 직접 실습했습니다.

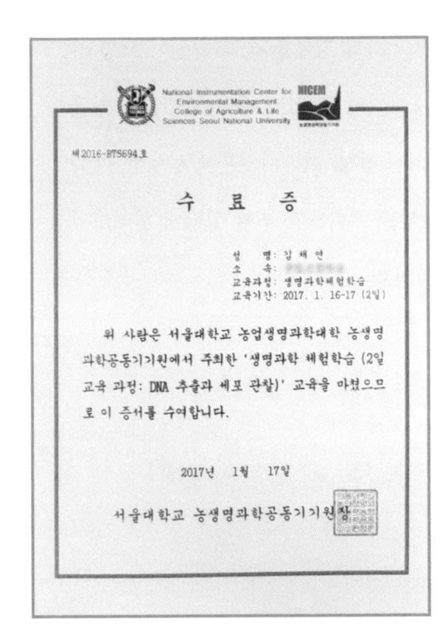

National Instrumentation Center for Environmental Management College of Agriculture & Life Sciences Seoul National University

NICEM

제2016-BT5694호

수 료 증

성 명: 김 채 연
소 속:
교육과정: 생명과학체험학습
교육기간: 2017. 1. 16-17 (2일)

위 사람은 서울대학교 농업생명과학대학 농생명과학공동기기원에서 주최한 '생명과학 체험학습 (2일 교육 과정: DNA 추출과 세포 관찰)' 교육을 마쳤으므로 이 증서를 수여합니다.

2017년 1월 17일

서울대학교 농생명과학공동기기원장

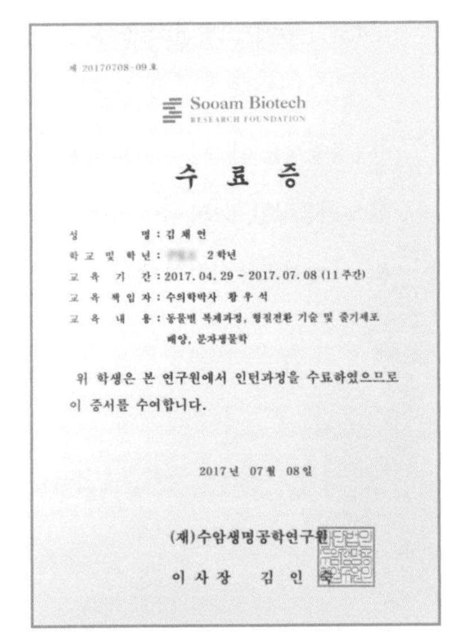

제 20170708-09 호

Sooam Biotech
RESEARCH FOUNDATION

수 료 증

성 명 : 김 채 연
학 교 및 학 년 : 2학년
교 육 기 간 : 2017. 04. 29 ~ 2017. 07. 08 (11주간)
교 육 책 임 자 : 수의학박사 황 우 석
교 육 내 용 : 동물별 복제과정, 형질전환 기술 및 줄기세포 배양, 분자생물학

위 학생은 본 연구원에서 인턴과정을 수료하였으므로 이 증서를 수여합니다.

2017년 07월 08일

(재)수암생명공학연구원

이 사 장 김 인 숙

✦ 고등학교 3학년, 생명과학에 대한 확장된 생각이 높은 성적으로 이어지다

2학년 때 진행한 인턴십 활동을 계기로 생명과학 및 공학 기술에 큰 관심이 생겼습니다. 덕분에 생명과학Ⅱ 과목 수업을 들으며 다른 친구들이 특히 어려워하는 유전자 발현 단원을 쉽게 이해할 수 있었습니다.

> 고대생 언니의 생활기록부 몰래 보기
>
> 생명과학Ⅱ : 생명공학 기법을 직접 실험을 통해서 경험을 해보았기 때문에 생명공학 기술을 다루는 내용에 특별한 흥미를 가짐. 기존에 자신이 공부했던 내용을 혼자 복습하고, 쉬는 시간에도 교과서를 읽고 이해하지 못하는 것을 다시…

28 입시에 유리한 동아리를 선택하라

생활기록부 항목 중에서 자율 활동, 동아리 활동, 진로 활동, 과목별 세부능력 특기사항은 가장 중요한 평가 항목입니다. 이 중에서 동아리 활동은 어떤 동아리를 선택하는지에 따라 내용이 결정되기 때문에 입시에 유리한 동아리를 선택해야 합니다.

동아리는 희망 전공 및 진로를 가장 가까이서 체험할 기회다

동아리에서 희망 전공 및 진로와 연관된 활동을 진행하면 생활기록부에 진로 역량 관련 내용을 한 문장이라도 더 적을 수 있습니다. 서류 준비나 면접 과정에서 활용할 수 있는 에피소드도 자연스럽게 쌓입니다. 저는 3년 동안 과학 실험 동아리에서 활동하며 직접 실험 주제를 기획하고 팀 프로젝트를 진행했던 경험을 면접에서 유용하게 활용했습니다.

희망 전공 및 진로가 모호하다면 융합형 동아리에 들어가라

고등학교에 막 입학한 박○○ 학생은 아직 꿈이 명확하지 않아 어떤 동아리에 가입할지 고민했습니다. 세부 주제가 정해진 동아리에 들어가면 진로에 대해 고민할 기회가 없을 것 같았고, 아무 동아리나 들어가면 입시에 도움이 되지 않을 것 같았기 때문입니다. 제 추천으로 토론 동아리에 들어간 박○○ 학생은 학교 시설을 주제로 한 토론 활동을 계기로 건축에 관심을 가지게 되었고 건축학과 진학을 목표로 열심히 공부하고 있습니다.

지금 당장 입시가 쉬워지는 미라클 솔루션

융합형 동아리에는 어떤 것들이 있나요?

융합형 동아리란 세부 주제가 정해지지 않고 여러 주제의 활동을 폭넓게 경험할 수 있는 동아리를 말합니다. 독서 동아리, 토론 동아리, 신문 스크랩 동아리와 같은 것들이 이에 해당합니다.

하나라도 배울 수 있는 동아리가 잘 돌아가는 동아리다

사진 촬영이나 영화 감상과 같은 취미 활동이 아니라 충분히 생각하고 직접 계획하고 수행할 수 있는 동아리에서 배울 점을 찾으세요. 희망 전공이나 진로가 유사한 선배들이 함께 활동하고 있어 입시 정보를 얻기 쉽다면 더 좋습니다.

더 많은 기회의 문을 열어줄 열쇠로 동아리 활동을 활용하라

제가 활동했던 실험 동아리에서는 학년 말 다른 과학 동아리와 연합해 실험 프로젝트를 진행했습니다. 그리고 매년 과학 동아리 학생만 지원 가능한 탐구 발표 대회가 열려 색다른 경험을 할 수 있었습니다. 이처럼 동아리는 학교생활 전반에 걸쳐 영향을 줄 수 있다는 점에서 신중하게 선택해야 합니다.

29 세부능력 특기사항에서 경쟁력을 확보하라

흔히 '세특'으로 줄여 부르는 과목별 세부능력 특기사항은 여러분이 어떤 과목을 잘하고 재미있어하는지 직접적으로 보여주는 부분입니다. 그래서 학생부종합전형을 준비할 때는 여러분이 관심 있는 과목에 대해 얼마나 열심히 공부하고 탐구했는지 보여주기 위해 세특 내용을 제대로 챙겨야 합니다.

적어도 전공 관련 과목 세특은 확실히 챙겨라

모든 과목의 세특을 챙기기가 현실적으로 어렵다면 적어도 전공 관련 과목만큼은 제대로 챙기세요. 여기서 전공 관련 과목이란 희망 학과에서 주로 다루는 분야와 대학 진학 후 배우게 될 과목을 모두 포함합니다. 예를 들어 고려대학교 생명과학부를 기준으로 화학, 생명과학, 수학, 영어가 이에 해당합니다.

고대생 언니의 생활기록부 몰래 보기

화학Ⅰ : 인류의 문명 발달에 기여한 화학 반응이라는 주제로 암모니아 합성에 대해 발표함. 질소 비료의 과다 사용으로 인한 다양한 환경 오염 문제를 제시하고, 암모니아 합성의 부정적인 영향에 대해 설명하며 과학기술의 양면성에 대해 깊은 성찰을 함. 평소 성실하고 차분한 수업 태도를 지니고 있어 타의 모범이 되었으며, 특히 화학 실험을 할 때…

실용영어Ⅰ : 글의 전체 맥락에 대한 이해가 빠르고 문장 구조 파악 능력이 우수함. 과제로 주어진 독해 지문이 주제와 핵심 어구를 파악하여 발표수업을 하면서 수업에 적극적으로 참여함. 매 단원이 끝나면 실시되는 어휘 시험에 적극적…

영어Ⅰ : (영어1 A) 매 시간의 포트폴리오를 항상 깨끗하고 단정한 필체로 정리함. 검사 시 지적사항이나 추가 질문들을 메모하여 돌려주면 반드시 그 내용을 반영하여 다시 정리하는 등 교사의 피드백을 효율적으로 수용하는 태도가 인상적임. 복잡한 구문에 대한 분석력, 문맥 속에서의 어휘의 의미 추론 능력이 아주 우수함…

교과 수업 내용과 활동 내용 사이의 연결고리를 만들어라

세특은 수업 시간에 배운 내용과 관련 있는 활동을 기반으로 합니다. 절대 어렵고 있어 보이는 내용으로만 채우는 것이 아닙니다. 그래야 생활기록부를 꾸며냈다는 인위적인 느낌이 아니라 학교생활에 충실하며 여러 활동을 경험했다는 자연스러운 느낌을 줄 수 있습니다. 실제로 저는 생명과학Ⅰ '항상성과 몸의 조절' 단원을 공부한 후 병원체와 감염성 질병에 대한 심화 탐구 활동을 진행했습니다.

고대생 언니의 생활기록부 몰래 보기

(2학기)생명과학Ⅰ : 생명과학에 대해 탁월한 이해력을 보인 학생임. 병원체의 종류와 특성에 대해 자료를 조사하여 발표하였음. 감염성 질병을 유발하는 병원체의 특성을 아주 침착한 자세로 구체적으로 잘 설명하였으며 특히 각 병원체에 의해 유발되는 질병의 예시와 항바이러스제인 타미플루, 항생제 오남용에 따른 내성균의 출현 과정 등에 대한 구체적인 설명이 돋보임. 발표 태도가 여유가 있고 ppt와 내용의 구성이 좋은 훌륭한 발표를 수행하였음.

단순한 활동 내용 나열보다 구체적인 이야기 위주로 적어라

배우고 느낀 점 없이 활동 이름과 내용을 나열하기만 하는 생활기록부는 매력적이지 않습니다. 누가 봐도 복사 붙여넣기 한 것 같은 내용에, 활동을 통해 어떤 점을 배우고 느꼈는지 알 수 없는 내용은 아무런 의미가 없습니다.

그래서 구체적인 이야기 위주로 세특 내용을 구성해야 합니다. 평가자가 보았을 때 지원자가 무엇을 배웠고 어떤 생각을 할 수 있었는지 알 수 있는 생활기록부를 만들어야 한다는 뜻입니다. 평가자가 여러분에게 호기심과 관심을 가지도록 유도하는 것이 입시 성공의 비결입니다.

고대생 언니의 생활기록부 몰래 보기

나쁜 예시 '뇌를 바꾼 공학, 공학을 바꾼 뇌'에 대한 강연(2016.4.20.)을 듣고 뇌공학 연구의 현재와 앞으로의 전망을 알게 되었으며 뇌공학이 우리 생활에 미칠 수 있는 영향에 대한 질의 응답을 통해 다양한 생각을 나누었고 관련 소감문을 작성함.
'꿈을 향하여 과학적 사고로 무장하라'에 대한 강연(2016.5.25.)를 듣고 기초과학 및 공학 관련 진로 탐색에 대한 질의 응답을 통해 다양한 생각을 나누었고 관련 소감문을 작성함.

좋은 예시 (1학기)생명과학Ⅰ : 현미경을 이용하여 세포 분열을 관찰하면서 현미경 조작에 익숙해졌으며 실험에 사용된 영구프레파라아트가 어떤 방법으로 제작되었는지 의문을 가지고 찾아보았으며 현미경을 이용하여 다른 세포 소기관을 관찰하고자 하는 의욕을 보임. 수업시간에 다룬 감수분열의 원리로 부터 인공수정 시 정자와 난자를 선별할 수 있을 것이라는 확장된 생각을 발표함.

30 평가자가 매력을 느낄 심화 탐구를 진행하라

희망 전공과 관련한 탐구 활동을 진행하면 생활기록부의 좋은 소재가 됩니다. 하지만 많은 학생들이 어떤 주제로 어떻게 탐구해야 하는지 감을 잡지 못합니다. 어쩌다가 괜찮은 주제를 골라 탐구 활동을 진행하더라도 제대로 된 보고서를 작성하는 방법을 알지 못합니다. 그래서 이번 챕터에서는 탐구 활동 주제를 고를 때 꼭 지켜야 하는 규칙들을 정리하고 탐구 보고서 작성 방법을 구체적으로 짚어드리겠습니다.

탐구 활동 주제 선정, 딱 두 가지만 기억하라

① 반드시 교과 내용과 연관 지어라

탐구 주제가 현행 또는 선행 교과 내용과 관련 있는지 반드시 확인하세요. 생활기록부에 탐구 내용을 적을 때, 주제 선정 이유를 교과 내용과 연관 지으면 인위적인 느낌을 피할 수 있고 관련 과목에 대한 흥미를 직접적으로 보여줄 수 있습니다.

② 해당 분야의 최신 동향을 파악하라

탐구 주제가 해당 분야의 최신 동향을 반영하는지 반드시 확인해야 합니다. 예를 들어 과거에는 밝혀지지 않았던 내용이 현재 밝혀진 경우, 과거 자료만 참고해 '아직 밝혀지지 않았다', '앞으로 더 많은 연구가 필요하다'와 같은 흐름으로 탐구하지 않도록 주의하라는 뜻입니다. 최신 동향을 확인하지 않으면 탐구 활동의 완성도와 신뢰도가 완전히 떨어집니다.

탐구 보고서 서론에 꼭 넣어야 할 핵심

- 탐구 주제를 선정한 이유: 교과 내용 중 관련 있는 개념, 희망 전공 및 진로와의 연관성 강조
- 기존에 알고 있던 내용: 이전 학년에서 배운 교과 내용 언급, 평소 배경지식으로 알고 있던 내용 소개
- 선행 연구 및 과정: 논문, 학술 보고서, 뉴스 기사 등을 활용해 탐구 주제에 대해 이미 진행되었던 연구나 밝혀진 내용에 대해 간단하게 정리
- 탐구 방법 설명: 탐구 보고서 작성 과정에서 활용할 방법 소개

고대생 언니의 탐구 보고서 서론 몰래 보기

교과 수업에서는 단순히 생물과 무생물의 중간적 존재로 정의하지만 과학계에서는 생물, 중간적 존재, 무생물 세 가지 분류를 주장하는 과학자들의 끊임없는 논쟁이 이어지고 있어 이들의 다양한 견해와 생각이 궁금해졌다. 그러던 중, '생물과 무생물 사이'라는 책을 읽으면 위와 같은 의문을 풀 수 있고 바이러스나 DNA에 관한 배경지식을 쌓을 수 있는 계기가 될 것이라고 생각했다.

탐구 보고서 본론에 꼭 넣어야 할 핵심

- 탐구 내용 소개
- 주관적 의견 또는 견해: 탐구 주제에 대한 생각, 의견, 주장 제안
- 반대 입장의 견해: 자신의 의견과 반대되는 입장의 의견 정리, 비판점 짚고 넘어가기
- 교과 내용과의 연관성: 연결할 수 있는 교과 내용 언급, 해당 탐구가 학업에 어떤 긍정적인 영향을 주는지 덧붙이기

고대생 언니의 탐구 보고서 본론 몰래 보기

'인간은 DNA의 발전을 위한 기계가 아니다.'라는 말이 기억에 남는다. 나 또한 인간은 DNA 유전정보 아래 살아가는 기계라는 측면에 동의하며, 물질대사, 항상성 유지 등 주체적 존재라는 측면에도 찬성하는 입장이다.

탐구 보고서 결론에 꼭 넣어야 할 핵심

- 전공 적합성 측면의 성장: 희망 학과 진학 시 해당 탐구 활동이 줄 수 있는 긍정적인 영향, 새롭게 알게 된 내용
- 후속 탐구 주제: 추가로 진행할 예정인 심화 탐구 주제 계획 설명
- 후속 탐구 방안: 후속 탐구 진행 시 활용할 수 있는 방안 제시

고대생 언니의 탐구 보고서 결론 몰래 보기

그렇다면 '인간에 대해 연구할 때 어떠한 생각을 가져야 하는가?'라는 질문이 앞으로 생명과학 분야에서 연구를 지속해갈 때의 핵심이 될 것이다. 해부생리학 연구 진행 시 인간의 생물학적 특성을 충분히 이해하고 내가 연구하고자 하는 분야의 개념을 상호 보완할 수 있도록 신경 쓸 것이다.

탐구 보고서 작성 후 세 가지는 반드시 하라

① 작성한 보고서는 처음부터 끝까지 검토하라

보고서 작성 후 처음부터 끝까지 다시 읽어보면서 오타나 문맥상 어색한 문장은 없는지 확인하세요. 잘 쓰인 글은 매끄럽게 읽히는지가 첫 번째 기준입니다.

② 다른 사람에게 보고서를 보여주어라

탐구 주제에 대해 잘 모르는 사람에게 글을 보여준 후 설명이 부족한 부분은 없는지, 이해가 안 되는 문장은 없는지 피드백을 받으세요. 탐구 보고서는 해당 분야에 무지한 사람이 읽어도 어떤 주제로 어떤 방법을 활용해 탐구했는지 이해할 수 있도록 풀어서 적혀 있어야 합니다.

③ 스스로 보고서 내용을 요약할 수 있는지 점검하라

탐구 보고서의 핵심 내용을 요약해 다른 사람에게 설명할 수 있는지 확인하세요. 여러분이 탐구 활동을 진행한 경험은 정말 큰 자산으로 남습니다. 시간을 들여 공부하고 보고서를 작성한 만큼 어떤 주제에 대해 공부했는지, 어떤 결론을 도출할 수 있었는지를 잘 정리해야 합니다.

31 생활기록부 마감 전 기회를 활용하라

보통 학기가 끝날 때마다 생활기록부 마감 전 내용을 검토할 수 있는 시간이 있습니다. 이때 여러분이 했던 활동이 배우고 느낀 점 위주로 잘 정리되어 있는지, 빠져 있거나 잘못된 내용은 없는지 반드시 확인해야 합니다. 하지만 생활기록부 작성은 어디까지나 선생님의 고유 권한입니다. 선생님께 수정 또는 보완을 부탁드릴 때는 예의를 갖추고 조심스럽게 부탁드려야 합니다.

Check Point 1 수동적인 표현으로 설명된 활동은 없는가

'~을 수행함', '~에 참여함', '~을 제출함'과 같이 활동 내용 자체를 나타내는 수동적인 표현만 기재되어서는 안 됩니다. 수동적인 표현을 능동적인 표현으로 바꾸기 위해서는 여러분이 활동을 계기로 무엇을 배웠는지, 어떤 생각을 가지게 되었는지, 어떤 분야에 대한 흥미가 늘었는지, 그 흥미가 성적 향상, 수행평가 고득점, 진로 방향성 확립 등 유의미한 결과로 이어졌는지 함께 설명되어 있어야 합니다.

책 길잡이

29챕터에서 '단순한 활동 내용 나열보다 구체적인 이야기 위주로 적어라'에서 실제 제 생활기록부 속 수동적인 표현과 능동적인 표현을 구분했습니다.

Check Point 2 실천한 활동 중 빠진 내용은 없는가

아무리 열심히 참여한 활동이라도 생활기록부에 적히지 않으면 입시를 준비할 때 활용하기 어렵습니다. 그래서 여러분이 진행한 활동을 직접 정리해두어야 합니다. 새 학기가 시작되면 활동 정리 노트를 만들어 여러분이 실천했던 교내활동 내용과 느낀 점을 간단하게 정리해두세요. 그리고 학기 말 생활기록부 검토 전 여러분만의 체크리스트를 만들어 기재되지 않은 활동은 없는지 꼭 확인하세요.

Check Point 3 오타나 어색한 문장은 없는가

선생님께서 여러 학생의 생활기록부를 한 번에 작성하고 관리하시기 때문에 사소한 오타나 문장의 주술 관계가 어색한 표현 등이 발견되기도 합니다. 내용을 이해하는 데 큰 문제가 되지는 않더라도 서류의 완성도를 떨어뜨릴 수 있다는 점에서 전반적으로 확인해야 합니다.

32 꼼꼼한 분석과 자신감으로 면접을 뒤집어라

저는 고려대학교 생명과학부와 이화여자대학교 과학교육과 면접 전형에 참여해 두 대학 모두 합격했습니다. 특히 이화여자대학교 과학교육과 면접에서는 높은 점수를 받아 장학생으로 선정되었습니다. 면접 전형으로 학생을 선발하는 것은 서류만으로는 볼 수 없는 지원자의 진짜 모습을 확인하고 솔직한 이야기를 듣기 위함입니다. 그래서 여러분이 3년 동안의 고등학교 생활을 꼼꼼하게 분석해 정리하고 자신감을 가지고 면접에 참여하면 무조건 성공합니다.

생활기록부 내용을 처음부터 끝까지 분석하라

생활기록부 기반 면접에 참여할 때 여러분의 생활기록부 내용을 반드시 숙지해야 합니다. 생활기록부에 어떤 내용이 적혀 있는지 제대로 확인하지 않는 학생들이 많습니다. 극심한 부담과 긴장 속에서 어떤 활동을 통해 무엇을 배웠는지 면접 중 바로 떠올리는 것은 쉽지 않습니다. 생활기록부 내용을 분석하지 않으면 입을 떼는 것조차 어려울 정도입니다. 그래서 아래 소개한 3단계 방법을 활용해 여러분의 생활기록부를 제대로 분석해야 합니다.

① 생활기록부 전체 내용을 정독하라

생활기록부 전체 내용을 처음부터 끝까지 정독하세요. 3년 동안 여러분이 어떤 공부를 했고 무슨 활동을 했는지 되새기는 것부터 면접 준비의 시작입니다.

② 평가자 입장이 되어 나의 매력 포인트를 발견하라

생활기록부를 정독하다 보면 평가자 입장에서 특히 관심을 가질 만한 내용이 무엇인지가 보입니다. 이 내용을 형광펜으로 표시하고 여러 번 반복해서 읽어보세요. 지원자로서 여러분의 매력 포인트를 잘 알고 있어야 면접에서 경쟁력을 확보할 수 있습니다.

③ 생활기록부에 없는 활동은 추가로 정리하라

분량상 생활기록부에는 쓰이지 않았지만 면접에서 꼭 언급하고 싶은 활동이 있다면 메모지에 활동 내용과 배운 점을 간단히 정리하세요. 그리고 생활기록부 앞장에 붙여두어 면접 준비를 할 때마다 눈에 보이게 만들어야 합니다.

자기소개와 지원 동기는 수백 번 연습하라

어떤 면접이든 첫 질문은 자기소개와 지원 동기를 물어보는 질문으로 시작합니다. 자기소개와 지원 동기는 자다가 일어나도 자연스럽게 술술 말할 수 있도록 수백 번 연습하세요. 해당 학과에 지원한 이유, 희망 진로를 꿈꾸게 된 계기를 설득력 있게 말할 수 없는 학생은 면접에서 신뢰를 줄 수 없습니다.

면접관이 되어 예상 질문 리스트를 뽑아라

만약 여러분이 '우리 대학에 입학할 만한 학생인가?'를 기준으로 누군가를 평가해야 한다면 어떤 질문을 할 것 같나요? 이처럼 지원자가 아닌 면접관의 입장에서 여러분의 생활기록부 내용을 보고 예상 질문을 뽑아야 합니다. 예상 질문을 뽑기 어렵다면 여러분이 지원한 학과의 면접 후기를 참고하면 도움이 됩니다. 그리고 이에 대한 답변을 키워드 형식으로 달아보세요. 면접은 이러한 키워드를 하나의 이야기로 엮어 여러분을 소개하는 것입니다.

자신감을 가지되 모르는데 아는 척하지는 마라

면접에서 가장 중요한 것은 자신감입니다. 그런데 이 자신감을 자만으로 잘못 해석하면 면접에서 섣불리 아는 척을 했다가 부정적인 평가로 이어질 수 있습니다. 실제로 저는 고려대학교 면접 중 마지막 질문에 대한 정확한 답을 떠올리지 못했습니다. 하지만 당황하지 않고 "지금 당장은 답이 생각나지 않습니다. 만약 면접 시간이 조금 남았다면 지금 더 생각해보고, 시간이 없다면 집에 돌아가는 지하철 안에서라도 꼭 답을 고민해보겠습니다."라고 대답했습니다. 면접장을 나서기 직전 교수님께서 "집 가는 길에 꼭 생각해보세요."라며 웃으셨을 때 저는 합격을 예상했던 것 같습니다. 무언가를 모른다는 것을 부끄러워하지 않는 것, 모르는 내용을 아는 척하지 않는 것이 긍정적인 요소로 작용한 것입니다.

한눈에 보는 다섯 번째 기적

- 학생부종합전형의 핵심은 정말 평가자가 원하는 것이 무엇인지를 아는 것이라고 생각해요. 생활기록부 내용을 억지로 희망 전공에 끼워 맞추는 것이 아니라 전반적인 학교생활의 성실함과 적극성을 보여준다고 생각해보세요.
- 저는 생명과학을 가장 좋아했지만 물리, 화학, 지구과학 분야까지 함께 다루는 실험 동아리에 들어갔어요. 확실한 희망 전공 및 진로가 있더라도 더 다양한 경험을 하는 데 중점을 두고 싶다면 활동 분야를 조금 넓게 설정하는 것도 좋은 방법이에요.
- 동아리를 선택할 때 동아리의 분위기나 담당 선생님의 지도 성향을 미리 알면 좋아요. 이제 막 학교에 입학했다면 이를 파악하는 것이 어려우니 아는 선배들이 있다면 미리 알음알음 물어보세요.
- 대학 입학 후 전공 교수님께 들었던 말 중에서 "솔직히 아무리 공부 좀 했다 하는 고등학생이라도 뭘 제대로 알겠어요. 대학생인 여러분들도 제대로 이해하기 힘들잖아요."라는 말이 기억에 남아요. 여러분이 생각하는 것보다 고등학생에게 요구하고 기대하는 것이 그렇게 크지 않습니다. 특히 면접 때 모른다고 기죽거나 당황하지 말고 여러분의 자신감과 가능성 하나만 제대로 보여준다고 생각하세요. 분명 좋은 결과가 따라올 거예요.

고대생 언니의 **생명과학부 합격 포인트** 엿보기

고대생의 한마디

저는 지금 고려대학교에서 생명과학을 전공하고 있어요. 많은 이공계열 학생들이 꿈꾸는 전공인 만큼 제가 생각하는 저만의 생명과학부 합격 포인트를 정리해보려고 해요. 생명과학 관련 학과 진학을 목표로 한다면 여러분의 현재 활동과 제 활동을 비교하며 무엇을 보완해야 하는지 생각해보세요!

① 활용도와 완성도 높은 다양한 경험치를 쌓았다

의미 있는 활동 1개가 의미 없는 활동 10개보다 낫습니다. 저는 다른 주제의 활동보다 과학 관련 활동에 더 적극적으로 참여했고, 여러 활동이 겹치면 생명과학 활동을 우선순위로 두고 일정을 조율했습니다.

② 누가 봐도 '고등학생답게' 입시를 준비했다

입시 수업을 받으면 관리가 편하고 서류의 완성도가 높아집니다. 하지만 인위적이고 부자연스러운 결과물이 만들어질 수 있습니다. 저는 학원에 다니는 친구들의 생활기록부에서 묘하게 느껴지는 유사성과 획일성이 싫었습니다. 그래서 누군가의 도움 없이 혼자서, 정말 고등학생답게 생활기록부를 관리했습니다.

③ 생명과학Ⅰ, 생명과학Ⅱ 과목을 모두 이수했다

생명과학에 대한 관심을 바탕으로 생명과학Ⅰ, 생명과학Ⅱ 과목을 높은 성적으로 이수했습니다. 대학 입학 후 일반생물학 과목을 수강할 때 학창 시절에 배운 생명과학 교과 내용이 많은 도움이 되었습니다.

④ 과학 실험 활동 기회를 최대한 많이 확보했다

이론으로 생명과학을 배우는 것과 이를 응용한 실험을 직접 기획하고 수행하는 것은 완전히 다릅니다. 다양한 실험 도구의 사용 방법을 직접 익히고, 결과에 상관없이 실험 과정에 직접 참여한 경험은 자기소개서와 면접 준비 과정에서 매우 유용하게 쓰였습니다.

왜 『올인원 공부법』을 쓰게 되었나요?

제가 직접 경험했던 공부와 입시 이야기를 바탕으로 학생들에게 실질적인 도움을 주고 싶어 원고 집필을 시작했습니다. 지금까지의 답변에서도 알 수 있듯이 저는 여러 시행착오를 바탕으로 학생들이 공부하며 어떤 생각을 가져야 하는지, 어떤 방법이 가장 효율적이고 효과적인지 몸소 배웠습니다. 그래서 인스타그램 계정을 운영하며 수천 명의 학생과 학부모님들께 충분한 검증을 받고 열렬한 반응을 이끌어낸 자료들만 모아 한 권의 책을 쓰게 되었습니다. 집필 작업은 정말 오롯이 전국에 있는 모든 후배와 학부모님들을 위한 것이라고 볼 수 있습니다.

원래 가제가 <나만 알고 싶은 공부·입시 지침서>였다고 하더라고요.

실제로 제가 공유하는 공부법 콘텐츠를 본 학생들이 '나만 알고 싶은데, 또 주변 친구들에게 널리 알리고 싶기도 하다.'라는 말을 많이 합니다. 그만큼 써먹기 애매하고 추상적인 이야기들이 아니라 실질적으로 도움 되는 조언을 알차게 담으려고 노력하고 있다는 증거라고 생각합니다. 거기에 우리나라 교육 흐름에 맞게 공부와 입시 두 마리 토끼를 모두 잡을 수 있는 구성을 기획했습니다. 목차와 구성을 보고 '진짜 나만 알고 싶을 정도로 욕심나는 책이다.'라는 생각이 들게 하는 것이 제 작은 소망입니다.

『올인원 공부법』을 꼭 읽어야 할 독자가 있다면 누구일까요?

공부하는 모든 학생과 자녀의 교육에 작은 도움이라도 주고 싶은 학부모님들은 한 번쯤 꼭 읽었으면 좋겠습니다. 과목별로 어떻게 공부해야 하는지 알려주는 책과 자료들은 넘쳐나지만 공부를 시작하기 전 루틴과 습관을 만드는 방법부터 차근차근 소개하는 책, 공부하면서 꼭 가져야 할 마인드를 경험담에 비추어 생생하게 알려주는 책은 유일하다고 자부합니다. 혼자 고민한다고 해결되지 않는 문제들에 시간을 흘려보내지 말고 책을 펼쳐 답을 얻어보세요.

유의미한 끝을 마주할 미래의 네 자신을 위해

멘토링을 진행할 때마다 멘티들에게 꼭 하는 말이 있습니다. '나중에 너도 누군가의 멘토가 되어 내가 주었던 따뜻한 응원을 다른 사람에게 건넬 수 있는 사람이 되면 좋겠어.' 선순환의 희망을 담은 간절한 소망입니다. 여러분들이 이 책을 읽고 어떻게 공부하고 미래를 준비해야 하는지 감을 잡을 수 있었다면 나중에 선배의 위치가 되었을 때 후배들의 학업과 입시, 그리고 진로 방향성 설정에 도움을 주는 방법을 한 번쯤 고민해주시기 바랍니다. 제가 풀고 있는 숙제가 더 많은 이들의 숙제가 될 때 해결책은 더 빠르게 등장할 것이라고 확신합니다.

이 책을 쓰기 시작하면서 저는 여러분이 '작은 변화'가 가지는 힘을 알게 되기를 바랐습니다. 이 책을 읽자마자 한 번에 공부를 잘하는 학생이 될 수는 없습니다. 사람은 원래의 익숙한 상태로 돌아가려는 성질이 있어 아무리 노력해도 하루아침에 180도 바뀔 수는 없습니다. 하지만 여러분도 모르는 사이에 '작은 변화'는 조금씩 쌓여갑니다. 하루건너 하루 공부하던 누군가는 매일 책상 앞에 앉는 변화가, 좋아하는 국어 공부만 실천하던 누군가는 다른 과목의 문제집을 펼치는 변화가, 새로운 습관을 만드는 방법을 몰랐던 누군가는 스스로 걸어둔 보상을 향해 한 발자국을 더 내딛는 변화가, 내신 시험을 벼락치기로 공부하던 누군가는 4주 전부터 공부 계획을 세우는 변화가 찾아올 것입니다. 기적은 당장 아무것도 아닌 것처럼 보이는 사소한 변화부터 시작합니다. 저도 그랬습니다.

어렵고 끝이 보이지 않는 길을 걸으며 혼란스러워하는 여러분을 위해 무작정 컴퓨터 앞에 앉아 공부법을 소개하는 콘텐츠를 만들기 시작했습니다. 이를 인스타그램 계정에 업로드하고 스터디 그룹 운영, 공부법 자료 공유 등을 진행하며 매우 바쁘고 정신없는 시기를 보냈습니다. 거기에 이제는 몇백 페이지에 이르는 글을 써 여러분에게 기적을 선물하려고 합니다. 저 또한 이 도전이 성공할 것이라는 보장이 있어 시작한 것은 아닙니다. 첫 번째 페이지 첫 번째 글자를 입력할 때만 해도 여러분에게 이렇게나 많은 이야기를 들려줄 수 있을 것이라고는 상상도 하지 못했습니다. 이 세상 모든 일에는 시작과 끝이 있습니다. 여러분이 일단 시작했다면 그 끝은 언젠가 반드시 옵니다. 공부와 입시도 그렇습니다. 막막함과 두려움을 내려두고 시작해보세요. 저는 여러분의 의미 있는 마무리를 매일 응원하고 있겠습니다.

저는 미래가 어떻게 전개될지는 모르지만
그 미래를 누가 결정하는지는 압니다.

\- 오프라 게일 윈프리

이 책은 수많은 학생과 직접 만나 보고 들었던 생생한 고민을 바탕으로 아이디어를 얻어 썼습니다. 최선을 다해 변화하고 끝내 기적을 만든 제 모든 멘티들에게 응원의 말을 전합니다.

엄마는 어린 시절부터 제게 올바른 공부 습관과 강한 멘탈을 만들어준 일등 공신이셨습니다. "네가 그 선택이 맞다는 생각이 들면 그게 맞는 거야."라며 조건 없이 믿어주셨고, "역시 우리 채연이는 한다면 하는 사람이야."라며 아낌없이 응원해주셨습니다. 덕분에 이렇게나 멋진 어른으로 성장했다는 말을 꼭 하고 싶습니다. 이 세상 그 누구보다 완벽한 엄마가 되어주셔서 감사하고 사랑합니다. 그리고 제가 하고 싶은 일에만 매진할 수 있도록 경제적인 어려움 없이 지원해주신 아빠께도 사랑과 감사의 말씀을 꼭 전하고 싶습니다. 바쁘고 정신없어도 친구 같은 아빠와 생각 없이 웃고 떠들 수 있는 시간이 마음의 휴식처가 되어주었습니다. 이 책이 나온 후 누구보다 저를 자랑스러워하실 다른 가족들에게도 미리 감사의 말씀을 전합니다.

마지막으로 책을 쓴다고 했을 때 눈이 동그래지며 대단하다고 말해준 친구들과 지인들이 있어 책을 쓰며 힘들 때도 이겨낼 수 있었습니다. 앞으로 소중한 인연에 더 크게 보답할 수 있는 사람이 되겠습니다.

책 집필과 별개로, 교사가 되고 싶다는 막연한 생각을 확신으로 바꿔주신 김현빈 선생님께 이 글을 빌어 감사하고 존경한다는 말을 꼭 전해드리고 싶습니다. 선생님의 지구과학 수업을 들으며 '학교 수업도 이렇게 재밌고 풍부하게 구성할 수 있구나.'라는 생각을 했습니다. 학생들과 벽 없이 지내면서도 확실하고 냉철한 조언을 아끼지 않는 선생님께 많이 의지하면서 '한 명의 학생에게라도 이런 선생님이 될 수 있다면 그것만큼 뿌듯한 일은 없겠다.'라는 생각도 들었습니다. 언제나 자랑스러운 제자가 되겠다는 약속을 하나씩 지켜나가면서 앞으로 더 멋진 교육자가 되겠습니다.

부록 1

고대생 언니의 비밀 상담소 10문 10답

2022년 5월, 모교인 구일고등학교에서 4주간 교생 실습을 진행하며 학교 현장에서 학생들에게 직접 들었던 고민에 대한 답변을 담았습니다. 작가라는 타이틀을 내려놓고 친한 언니, 누나로서 해주고 싶은 이야기를 담았으니 비슷한 고민을 하고 있다면 꼭 한 번 읽어보세요.

Q1 공부 관련 꿈이 아니더라도 무조건 대학을 가야 하나요?

고등학교를 졸업한 후 무조건 대학을 가야 한다고 생각하지 않습니다. 고등학교 졸업 후 대학에 진학하는 학생의 비율이 매우 높아졌지만 이것이 반드시 대학을 가야만 하는 이유가 되는 것은 아닙니다. 하지만 지금의 선택을 후회하지 않을 자신이 있을 만큼 가고자 하는 길에 확신이 있는지 묻고 싶습니다. 대학에 가고 싶지 않다는 학생들에게 하고 싶은 일이 구체적으로 무엇인지, 그 일을 하려면 어떤 노력을 해야 하는지, 하고 싶은 이유가 무엇인지를 물으면 대부분 대답하지 못합니다. 당장 공부하기 싫어서, 얼른 공부의 굴레에서 벗어나고 싶어서 대학 진학을 포기하겠다고 말하는 학생들이 많습니다.

무조건 대학을 가야 한다는 부담을 가질 필요는 없습니다. 하지만 평소 여러분이 다른 분야보다 특히 재미있다고 느꼈던 분야가 있다면 이를 정리해보세요. 그리고 이와 관련한 학과가 어떤 학교에 설치되어 있는지 찾아보세요. 꼭 경영학, 과학, 공학과 같이 겉보기에 딱딱하고 재미없어 보이는 공부만 해야 하는 것은 아닙니다. 찾아보기 전에는 알 수 없었던, 다양하고 재미를 느낄 수 있는 색다른 전공들이 많습니다. 그리고 저는 대학 입학 후 들었던 교양 강의를 통해 느끼고 배운 점이 많습니다. 요즘은 인터넷에 검색 몇 번 하고 관련 영상만 몇 개 찾아보면 전혀 알지 못했던 분야에 대한 지식을 배울 수 있는 시대이지만 그 분야의 전문가가 진행하는 강의를 듣는 기회, 비슷한 관심사를 가진 또래 친구들과 함께 이야기하면서 공부하는 기회는 화면 속에 있지 않습니다.

Q2 저는 아직 명확한 꿈이 없는데 어떻게 해야 하나요?

공부만 해온 학생들에게 20년도 채 살지 않고 '네가 좋아하는 것은 무엇이고 앞으로 어떤 일을 하고 싶니?'라는 질문에 하나의 답을 내라는 것은 어불성설입니다. 진로 방향성은 언제든 바뀔 수 있고, 여러분에게 맞는 방향성을 계속해서 탐색하는 것만으로도 충분하다고 생각합니다. 그런데 이 글을 읽고 있는 여러분 중에는 진로가 바뀌면 입시에서 불리하다는 생각을 할지도 모르겠습니다. 하지만 진로가 바뀐 명확한 계기가 있다면 전혀 상관없습니다.

무작정 수많은 직업 이름을 나열한 후 그중 하나를 고르려고 하면 당연히 어렵습니다. 생전 처음 들어보는 직업도 있고, 들어는 봤는데 구체적으로 어떤 일을 하는 직업인지 알 수 없는 경우도 많습니다. 이처럼 지문을 읽고 모르는 영어 단어를 찾아 정리하듯이 이 세상에 존재하는 모든 직업과 진로를 하나하나 다 찾아 정리하는 것은 불가능합니다. 그래서 꿈을 찾을 때는 '직업'이 아니라 '하고 싶은 것'이 무엇인지 고민해야 합니다. 어떤 직업을 가지고 싶은지가 아니라 어떤 사람이 되고 싶은지부터 생각해야 한다는 뜻입니다.

제가 좋아하는 말 중에 "꿈은 명사가 아니라 동사여야 한다."라는 말이 있습니다. 직업 이름으로 꿈을 한정 짓지 말고, '나는 글로 사람을 위로하고 싶어.', '사람들에게 웃음을 주는 사람이 될 거야'와 같이 여러분의 인생 목표를 동사로 정하고 그것을 구체화하는 과정에서 꿈을 키우세요. 인생 목표라고 해서 꼭 대단하고 멋있어야 하는 것은 아닙니다. 무엇을 할 때 여러분이 재미를 느끼는지, 무엇을 위해 살 때 포기하지 않고 끝까지 해낼 수 있을지 생각해보는 것부터 시작입니다.

친구 관계에 문제가 생기면 공부할 의지가 사라져요. Q3

부모님이나 선생님보다 친구들과의 관계를 더 우선시하는 청소년기에는 친하게 지내던 친구와 사이가 안 좋아지면 이로 인해 받는 스트레스가 매우 큽니다. 하지만 인간관계로 인해 받는 스트레스 때문에 당장 해야 할 일에 집중하지 못하고 시간을 낭비한다면 여러분만 손해입니다. 어렵더라도 지금 당장 무엇에 초점을 맞춰야 하는지를 생각할 줄 알아야 합니다.

그래서 저는 '인간관계에 대해 고민할 시간을 따로 빼놔라.'라고 말합니다. 예를 들어 '오늘 풀어야 할 수학 문제만 다 풀고 그때 다시 생각해보자. 그 전까지는 최대한 다른 생각은 내려두고 공부에만 집중하는 거야.'와 같은 마인드를 포함합니다. 해야 할 일을 빨리 끝내야 더 오래 생각할 수 있다는 마음으로 공부할 때는 공부에만 집중하세요. 공부를 해야 할 시간에, 학교 수행평가를 준비할 시간에, 학원에 가서 집중해야 할 시간에 다른 것을 생각하느라 시간을 낭비하지 말고 소중한 시간을 효율적으로 활용해야 합니다.

Q4 번아웃, 슬럼프를 이겨낼 수 있는 방법이 궁금해요.

'번아웃'이란 어떠한 활동이 끝났을 때 결과가 원하는 대로 나오지 않아 심신이 지친 상태를, '슬럼프'란 어떠한 목표에 대한 의욕을 잃고 성적이 정체되는 시기를 뜻합니다. 그런데 정말 여러분의 현재 상황이 번아웃이나 슬럼프가 맞는지부터 점검하세요. 공부하기 귀찮고 집중력이 떨어져 아무것도 하기 싫은 상황을 번아웃이나 슬럼프라는 개념으로 그럴듯하게 포장하고 있지는 않은가요? 만약 여러분이 정말 열심히 공부한 후 번아웃이나 슬럼프에 빠졌다는 생각이 든다면 4가지 방법으로 마인드컨트롤을 해보세요.

① 현재 느끼고 있는 감정을 회피하지 마세요

부모님이나 친구들과 힘든 상황을 솔직하게 공유하고 이야기를 나누면 마음이 더 편해집니다. 감정을 정확히 마주하게 되면 지금까지 스스로 얼마나 열심히 달려왔는지도 함께 보입니다.

② 공부 환경을 색다르게 바꿔보세요

원래 공부하던 장소에서 집중이 잘 안 되거나 색다른 동기 부여가 필요할 때는 공부 환경 자체를 바꿔보는 것도 좋은 방법입니다.

③ 왜 공부를 해야 하는지 목표를 명확히 하세요

왜 힘들게 공부해야 하는지를 본인에게 설득시켜야 합니다. 가고 싶은 대학이나 학과, 하고 싶은 일이나 되고 싶은 직업을 생각하면서 확실한 동기를 떠올려보세요. 너무 먼 미래에 대한 목표가 잘 와닿지 않는다면 다음 달 모의고사 목표 성적이나 내신 성적 목표 등 단기 목표를 설정하는 것도 좋습니다.

④ 하루 계획을 모두 지우고 푹 쉬세요

건강상의 문제가 있거나 컨디션을 완벽하게 회복시켜야 하는 상황이라면 공부에 대한 부담을 내려두고 쉬는 것도 방법입니다. 공부는 장기전입니다. 당장 체력과 컨디션을 갈아 공부할 수는 있어도 훗날 어떤 결과로 돌아올지 생각해야 합니다.

Q5 진짜 열심히 공부했는데 성적은 항상 제자리예요.

누가 봐도 '저 친구는 정말 공부 잘할 것 같다.' 소리가 절로 나올 만큼 오랜 시간 책상 앞에 앉아 있는 학생이 있습니다. 그런데 막상 시험 성적이 나오면 상위권은커녕 원하는 결과 근처에도 미치지 못합니다. 공부를 하고 있다고 생각했지만 사실 아니었기 때문입니다. 이런 학생들이 가지는 특징과 해결 방법은 아래와 같습니다.

① 보통 집중력이 부족해 오랜 시간을 앉아 있어도 머릿속에 들어오는 것이 아무것도 없습니다. 10시간을 앉아 집중하지 않은 학생보다 5시간 동안 제대로 집중한 학생이 훨씬 공부를 잘합니다.

② 모르는 내용과 약한 부분을 외면합니다. 이해가 안 되는 개념이 있거나 아직 못 외운 공식이 있다면 무조건 제대로 짚고 넘어가야 합니다. 그리고 새로운 문제를 많이 푸는 것보다는 틀렸거나 헷갈린 문제를 바로 잡고 다시 틀리지 않도록 연습하는 것에 초점을 맞춰야 합니다.

③ 실패를 통한 깨달음을 두려워합니다. 공부를 잘하는 학생은 처음부터 딱 맞는 방법을 찾았기 때문이 아니라 여러 시행착오를 겪으며 본인만의 방법을 찾았기 때문입니다.

이번 내신 시험을 망쳤는데 수시는 포기해야겠죠? Q6

당장 성적이 원하는 만큼 나오지 않아 희망하는 학교나 학과에 진학하기 어렵겠다는 불안한 마음은 이해합니다. 하지만 시험 하나로 수시 전형을 바로 포기하고 수능을 준비하는 학생이 과연 3년 동안 묵묵하게 수능 공부를 실천하고 원하는 결과를 만들어낼 수 있을까요? 글쎄 잘 모르겠습니다. 절대로 하나의 시험에 일희일비하지 마세요. 단 하나의 시험 결과만으로는 가능성이 제한되지 않습니다. 중간고사에서 원하는 결과를 얻지 못했다면 기말고사 준비 기간을 평소보다 넉넉하게 잡고 더 열심히 공부해 등급을 올려야 합니다. 특히 고등학교 내신은 상대평가의 특성상 여러분의 점수가 어떻든 주변 친구들과의 상대적인 위치 싸움입니다. 결과가 나오기 전까지는 지레짐작으로 두려워하고 포기하지 마세요. '이번에 본 시험 결과가 마음에 들지 않는다.'라는 생각이 '내신은 깔끔하게 포기하고 수능만 공부한다.'가 아니라 '생각보다 내신 시험도 만만하지 않구나. 다음 시험은 어떻게 준비해야 원하는 결과를 얻을 수 있을까?'로 이어져야 합니다.

학업 분위기가 좋지 않은 지역에서도 좋은 대학 갈 수 있을까요? Q7

당연히 가능합니다. 저는 교육열이 높지 않은 지역의 일반 고등학교를 졸업했고 원하는 대학에 합격했습니다. 물론 학부모가 자녀의 교육에 대해 높은 관심을 가지는 지역에서는 상대적으로 공부에 집중하기 좋은 환경이 만들어지고 더 많은 교육 기회가 주어지는 것이 사실입니다. 하지만 환경 차이를 극복하고 여러분에게 주어진 기회를 잡는 것이 전혀 불가능한 일은 아닙니다.

① 주변 환경과 분위기를 탓하기 전에 스스로 돌아보세요

학업 분위기가 좋은 지역에 있는 학교를 나왔다고 모두가 공부를 잘하는 것도, 학업 분위기가 좋지 않은 지역에 있는 학교를 나왔다고 모두가 공부를 못하는 것도 아닙니다. 환경과 분위기를 탓하기 전에 정말 여러분이 할 수 있는 최선을 다하고 있는지 생각해보세요.

② 할 때는 하고 놀 때는 노는 나만의 기준을 만들어요

주변 분위기에 휩쓸려 집중력이 떨어질 때는 분위기가 어떻든 반드시 공부하면서 보낼 시간대를 정해두세요. 예를 들어 '오늘 점심시간에는 도서실 가서 무조건 공부한다'와 같은 생각을 하면 분위기에 휩쓸리지 않고 공부할 마음을 잡을 수 있습니다.

몇 시에 자고 몇 시에 일어나는 것이 좋을까요? Q8

저는 자정 전까지 최대한 그날의 공부 계획을 끝내려고 노력했고, 고등학교 3년 동안 새벽 1시를 넘어서 잠자리에 든 적은 단 하루도 없었습니다. 밤낮이 바뀌는 것만큼 전반적인 생활 습관을 모두 망치는 길은 없습니다. 눈 뜨고 있을 때 집중력을 높여 할 일을 끝내고, 정해진 취침 시간이 되면 잠이 오지 않아도 일단 침대에 누워 눈을 감고 휴식을 취해야 합니다. 이외에도 여러분의 올바른 수면 습관에 도움이 될 3가지 노하우를 정리했으니 참고하세요.

① 매일 6시간 이상의 충분한 수면 시간을 확보하세요

최소 6시간 이상의 수면 시간을 확보해야 다음 날 공부에 집중하기 좋은 컨디션으로 회복됩니다. 잠을 충분히 자서 체력을 충전하고 하루를 알차게 보낼 힘을 얻어보세요.

② 기상 및 취침 시간은 매일 규칙적으로 유지하세요

잠은 습관이기 때문에 여러분의 몸은 몇 시에 잠을 자고 몇 시에 일어나는지를 정확히 기억합니다. 매일 정해진 범위 안에서 기복 없이 기상 및 취침 시간을 규칙적으로 유지하세요.

③ 밤샘 공부는 절대 시도하지 마세요

밤새면서 공부하면 잠을 깨려고 커피나 에너지 드링크를 마시며 무리하게 몸을 혹사하게 되고, 피곤한 날이 쌓이다 보면 언젠가는 생활 습관이 흐트러질 수밖에 없습니다.

Q9 공부만 시작하면 잠이 쏟아지고 꾸벅꾸벅 졸아요.

공부하기 싫다고 무작정 자거나 졸음을 깨려고 노력하지 않으면 여러분의 몸은 '이 시간에는 졸려야 할 타이밍이다.'라는 규칙을 마음대로 정하고 기억합니다. 그래서 밤이 아닌 시간에 잠이 쏟아질 때는 최대한 빠르게 깨려고 노력해야 합니다.

① 잘 수 없는 물리적 환경을 만들어요

일어서서 공부하거나 공부 내용을 입으로 중얼거리는 등 잘 수 없는 물리적 환경을 만드세요. 특히 학교에서는 키다리 책상을 활용하면 졸음을 이겨내고 수업에 집중할 수 있습니다.

② 바깥바람을 쐬면서 집중력을 환기하세요

공부 계획을 너무 과하게 세웠거나 쉬는 시간 없이 공부만 지속했을 때도 잠이 쏟아질 수 있습니다. 잠깐이라도 나가 주변을 산책하고 바깥바람을 쐬면서 집중력을 되찾고 잠에서 깨어나세요. 너무 많은 시간을 바깥에서 보내면 공부 흐름이 끊기니 산책 시간을 10분 내외로 딱 정해두어야 합니다.

③ 너무 졸릴 때는 깰 수 있는 확실한 조건에서 잠깐 자도 괜찮아요

어떤 방법을 써도 잠에서 깨지 않는다면 잠깐이라도 쪽잠을 자서 체력을 일시적으로 회복하고 집중력을 높이는 것이 나을 수 있습니다. 쪽잠은 최대 30분을 넘어가지 않도록 하고, 친구에게 깨워달라고 부탁하거나 알람을 여러 개 설정해두어 정해진 시간에 무조건 일어날 수 있는 조건을 만들어야 합니다.

어떻게 하면 학교 선생님과 좋은 관계를 유지할 수 있을까요?

Q10

제가 학생일 때만 해도 선생님들은 막연히 공부를 잘하는 학생을 좋아한다고 생각했습니다. 하지만 교육 실습생의 시각으로 학교 현장에서 학생들을 만나니 꼭 그렇지만은 않다는 것을 알게 되었습니다. 선생님의 관점에서 더 기특하고 예뻐 보이는 학생들의 특징에는 어떤 것들이 있을까요?

① 수업 시간에 수업에만 집중하세요

하교 후 학원에 간다는 이유로 당장 급한 학원 숙제를 하는 학생, 이미 다 아는 내용이라며 수업에 집중하지 않는 학생이 많습니다. 수업 시간에 수업에만 집중하고 적극적으로 참여하면 좋은 이미지로 기억될 뿐만 아니라 공부에도 도움이 됩니다.

② 공부하다가 모르는 내용이 생기면 적극적으로 물어보세요

성적과 관계없이 공부를 향한 열정과 성실함을 가지고 있는 학생이 되세요.

③ 자신만의 목표와 성장 과정을 확실하게 만들어나가세요

자신만의 목표가 확실하고 이를 위해 어렵고 힘든 길도 의지 하나로 걸어갈 줄 아는 학생은 선생님의 관점에서도 존경스럽고 배울 점 있는 사람입니다.

④ 말만 하는 것이 아니라 행동으로 보여주세요

말만 하는 것이 아니라 행동으로 목표를 위해 노력하는 모습이 보일 때 하나라도 더 챙겨주고 싶은 마음이 듭니다.

고대생 언니의 영혼이 담긴 스터디 자료 모음

좋은 자료가 있을 때 공부 효과는 극대화됩니다. 기적을 만들어갈 여러분을 응원하며 제가 학창 시절에 직접 만들어 활용했던 플래너 양식과 공부 노트 자료를 공유합니다. 그동안 플래너를 어떻게 써야 할지 몰라서 쓰지 않았거나 이번 책에서 알게 된 일일 및 주간 공부 루틴을 한눈에 보이게 정리하고 싶은 학생은 플래너 양식을 적극 활용해보세요. 수학 오답 기록장과 비문학 요약 노트 양식은 국어와 수학 공부의 약점을 자연스럽게 보완할 수 있어 성적 향상의 지름길이 됩니다.

양식 및 자료는 아래 드라이브 링크를 통해 다운로드받아 자유롭게 활용해보세요. 정해진 규칙에 여러분을 끼워 맞추는 것보다 여러분에게 잘 맞는 형식으로 바꿔 활용할 때 기적은 더 빨리 찾아옵니다.

✦ 드라이브 링크:

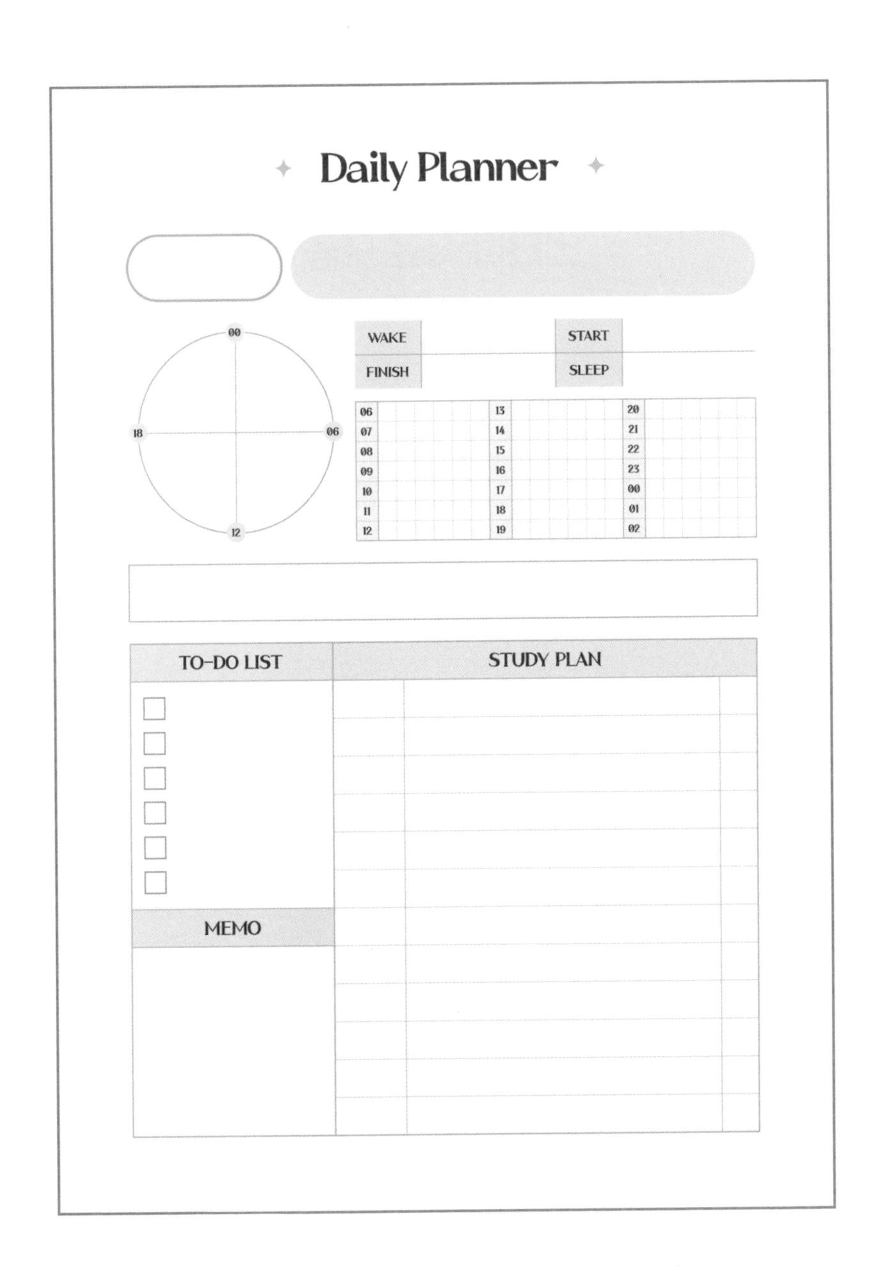

Daily Planner

WAKE
START
FINISH
SLEEP

00
18
06
12

06	13	20
07	14	21
08	15	22
09	16	23
10	17	00
11	18	01
12	19	02

TO-DO LIST

STUDY PLAN

MEMO

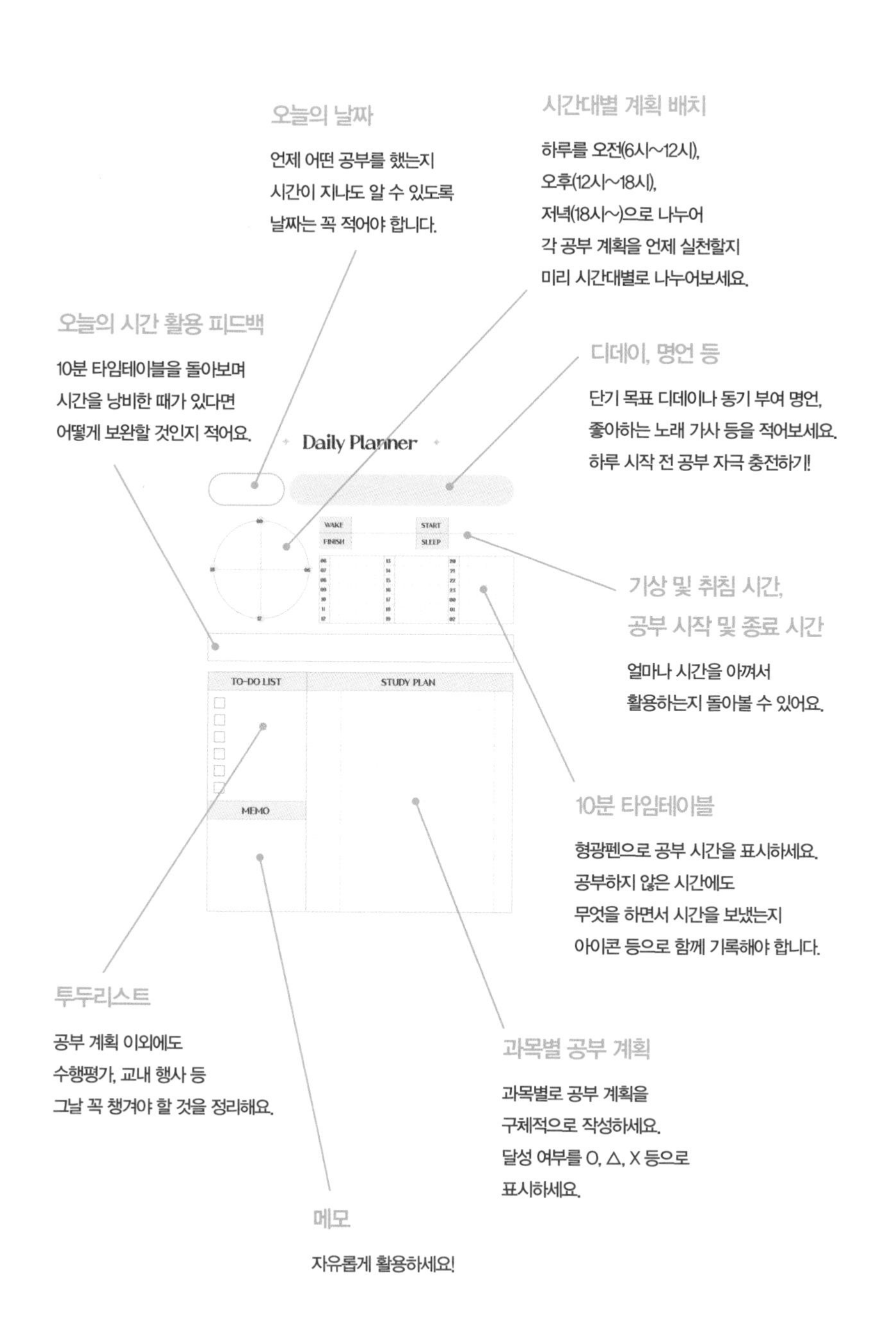
오늘의 날짜
언제 어떤 공부를 했는지
시간이 지나도 알 수 있도록
날짜는 꼭 적어야 합니다.
시간대별 계획 배치
하루를 오전(6시~12시),
오후(12시~18시),
저녁(18시~)으로 나누어
각 공부 계획을 언제 실천할지
미리 시간대별로 나누어보세요.
오늘의 시간 활용 피드백
10분 타임테이블을 돌아보며
시간을 낭비한 때가 있다면
어떻게 보완할 것인지 적어요.
디데이, 명언 등
단기 목표 디데이나 동기 부여 명언,
좋아하는 노래 가사 등을 적어보세요.
하루 시작 전 공부 자극 충전하기!
Daily Planner
WAKE
FINISH
START
SLEEP
기상 및 취침 시간,
공부 시작 및 종료 시간
얼마나 시간을 아껴서
활용하는지 돌아볼 수 있어요.
TO-DO LIST
STUDY PLAN
MEMO
10분 타임테이블
형광펜으로 공부 시간을 표시하세요.
공부하지 않은 시간에도
무엇을 하면서 시간을 보냈는지
아이콘 등으로 함께 기록해야 합니다.
투두리스트
공부 계획 이외에도
수행평가, 교내 행사 등
그날 꼭 챙겨야 할 것을 정리해요.
과목별 공부 계획
과목별로 공부 계획을
구체적으로 작성하세요.
달성 여부를 O, △, X 등으로
표시하세요.
메모
자유롭게 활용하세요!

Weekly Planner

TIME RECORD

최고 공부 시간 :
최저 공부 시간 :
평균 공부 시간 :

국어		수학	
영어		사회	
과학		기타	

Weelky goal	6/19(월)	6/20(화)	6/21(수)
	☐ ☐ ☐ ☐ ☐ ☐ ☐ ☐	☐ ☐ ☐ ☐ ☐ ☐ ☐ ☐	☐ ☐ ☐ ☐ ☐ ☐ ☐ ☐

6/22(목)	6/23(금)	6/24(토)	6/25(일)
☐ ☐ ☐ ☐ ☐ ☐ ☐ ☐	☐ ☐ ☐ ☐ ☐ ☐ ☐ ☐	☐ ☐ ☐ ☐ ☐ ☐ ☐ ☐	☐ ☐ ☐ ☐ ☐ ☐ ☐ ☐

주간 셀프 피드백

주간 공부 시간 분석

7일 동안 가장 많이 공부한 시간과
가장 적게 공부한 시간을 기록하고
평균 공부 시간을 계산해 적어보세요.
이를 바탕으로 다음 주 목표 공부 시간을
설정하면 자연스러운 공부 자극 UP!

과목별 공부 시간 합계

한 주를 다 보내고 나서 7일 동안
과목별로 투자한 공부 시간을 합쳐보세요.
특정 과목에 너무 오랜 시간을 쓰지 않았는지,
공부를 안 한 과목은 없는지 등을
객관적으로 확인하는 데 도움이 됩니다.

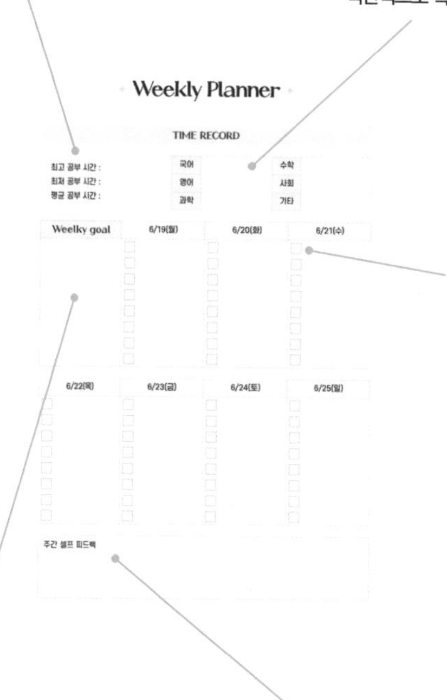

주간 계획

한 주가 시작되기 전에
요일별로 어떤 일정이 있는지,
어떤 공부를 얼만큼 할 것인지
계획을 7일로 나누어 분배해보세요.
데일리 플래너를 따로 쓰는 경우,
간단하게 적고 넘어가도 괜찮아요.

이 주의 목표

이번 주에 꼭 달성해야 할
목표를 설정해보세요.
ex)'수학 문제집 끝내기',
'독후감 1권 제출하기' 등

주간 셀프 피드백

한 주를 다 보내고 나서
잘한 점과 부족한 점을 적어보세요.
다음 주를 알차게 보낼 수 있는
원동력으로 삼을 수 있답니다!

수학 오답 기록장

문제 위치		☆☆☆☆☆
잘한 점		
틀린 원인		
모범 해설		
풀이 규칙		

문제 위치		☆☆☆☆☆
잘한 점		
틀린 원인		
모범 해설		
풀이 규칙		

틀린 원인

개념 부족, 계산 실수 등
여러분이 문제를 틀린 이유를
객관적으로 돌아보고 적어보세요.
오답 원인을 분석하는 과정에서
실력이 가장 많이 오른답니다!

문제 위치(출처)

문제가 어떤 문제집 몇 페이지에 있는지
문제 위치(출처)를 꼭 기록해두세요.
나중에 문제를 다시 보고 싶을 때
쉽고 빠르게 찾을 수 있어 편리합니다.

난이도

여러분의 체감 난이도를
표시해두세요.
어떤 문제 유형을 어려워하는지
객관적으로 볼 수 있습니다.

수학 오답 기록장

문제 위치		☆☆☆☆☆
잘한 점		
틀린 원인		
모범 해설		
풀이 규칙		

문제 위치		☆☆☆☆☆
잘한 점		
틀린 원인		
모범 해설		
풀이 규칙		

잘한 점

문제 풀이 중간에 길을 잃었다면
제대로 풀었던 과정까지만이라도
'잘한 점'에 적어두세요.
수학은 쫄지 않는 자신감이 핵심!
처음부터 아예 손을 못 댄 문제는
비워두어도 괜찮습니다.

모범 해설

해설을 참고해 그 문제를 가장 빠르고
정확하게 풀 수 있는 방법을 익힌 후
그대로 옮겨 적어보세요.
그냥 눈으로 보면서 옮기는 것이 아니라
모범 해설이 머릿속에 잘 저장되었는지
반드시 확인해야 합니다.

풀이 규칙

오답 정리 과정에서
부족한 개념이 보이거나
특정 유형을 어떻게 풀어야 하는지
알았다면 간단하게 기록해두세요.
나중에 풀이 규칙 부분만 훑어보아도
어떤 부분이 부족했고 어떻게 보완해야 하는지
빠르고 정확하게 알 수 있게끔요!

비문학 요약 노트

지문 위치 　　　　 분야 및 난이도

문단	핵심 내용 요약	구조화
1문단		
2문단		
3문단		
4문단		
5문단		

주제 :

비문학 지문 위치(출처)

지문이 어떤 문제집 몇 페이지에 있는지
지문 위치(출처)를 꼭 기록해두세요.
나중에 지문을 다시 보고 싶을 때
쉽고 빠르게 찾을 수 있어 편리합니다.

분야 및 난이도

비문학 지문이 어떤 분야(주제)인지,
여러분이 생각하는 체감 난이도는 어떤지
★★★★★ 등으로 표시해두세요.
여러분이 자주 틀리는 유형이 무엇인지
파악하는 데 편리합니다.

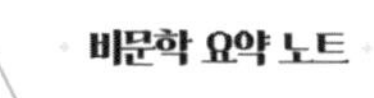

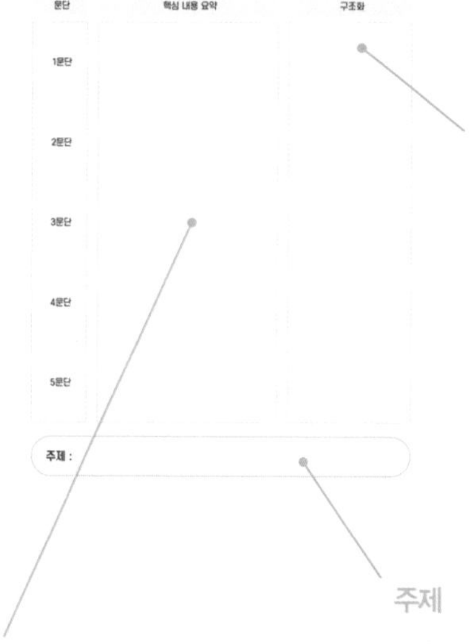

구조화

지문의 문단별 핵심 내용을 보고
글의 구조를 전반적으로 파악해
여러분이 알아볼 수 있게만 적어보세요.
화살표 등을 활용해 정리하면 좋아요!

ex)
A, B 개념 제시 → 공통점 제시
→ 차이점 제시 및 다른 특징 강조
→ 실생활 예시 3가지 제시

주제

문단별 핵심 내용을 모두 포괄하는
하나의 문장으로 주제를 정해보세요.

문단별 핵심 내용 요약

비문학 지문을 문단으로 나누어
각 문단 내용을 천천히 다시 읽고
핵심 내용을 나름대로 요약해 정리하세요.

특별부록 – 책 속의 책!

하위권 학생도 단숨에 상위권으로 올리는 기적의 공부 솔루션

하루를 알차게 쓰는 3가지 공부 루틴

① 08:00 – 08:20 : 1교시 시작 전 수학 문제 풀이로 두뇌 회전시켜 공부 집중력 끌어올리기

② 12:10 – 13:10 : 점심 식사 후 간단한 공부 계획(ex. 수학 교과서 문제 풀이, 영어 단어 암기)을 실천해 하교 후 시간은 집중력이 필요한 과목에만 집중하기

③ 23:50 – 00:20 : 다음 날 플래너 미리 작성해 공부 시작 전 흘려보내는 시간 줄이기

핵심 습관 체크리스트

① 올바른 수면 습관

- ☐ 자는 시간 줄이지 말고 눈 뜨고 있을 때 제대로 집중하기
- ☐ 전체 수면 시간 6시간 이상 확보하기
- ☐ 자고 일어나는 시간 규칙적으로 유지하기
- ☐ 잘 시간이 되면 졸리지 않아도 눈 감고 쉬기

② 확실한 시간 관리 습관

- ☐ 10분 타임테이블에 공부 외 시간 활용도 함께 기록하기
- ☐ 공부를 시작하기까지 걸리는 시간 줄이기
- ☐ 목표 공부 시간 확실하게 정하기
- ☐ 오전, 오후, 저녁 세 단위에 공부 계획 적절히 나누기

③ 힘내는 긍정 습관

- ☐ 스스로 응원의 말 건네면서 하루 시작하기
- ☐ 이루고 싶은 목표 매일 되새기기
- ☐ 부정적인 생각은 입 밖으로 뱉지 않기
- ☐ 하루를 마무리하며 잘한 점과 부족한 점 간단히 정리하기

공부 내공이 생기는 평소 복습 3원칙

① 쉬는 시간 3분 복습

– 짧은 시간에 빠르게

– 강조한 부분, 필기한 내용 위주로

– 손 말고 눈만 쓰기

② 저녁 복습

– 그날 배웠던 수업 내용 확인

– 핵심 개념은 암기하기

– 자습서나 평가문제집으로 개념 이해 점검

– 1시간 이내로만 진행

③ 주말 복습

– 평일에 배운 수업 내용 총정리

– 암기가 잘되었는지 체크

– 저녁 복습 중 틀렸던 문제만 다시 보기

오늘 써먹어볼 수 있는 공부법 모음

① 뽀모도로 공부법

– 뽀모도로 = 25분 집중 + 5분 휴식 루틴

– 기본 원리 : 1뽀모도로를 4번 반복한 후 30분 휴식으로 집중력 향상

– 공부법으로 활용시 25분~50분 내에서 집중 시간 자유롭게 설정

– 처음부터 집중 시간 길게 잡지 말고 익숙해진 후 늘리기

② 메모지 노트 공부법

1) 암기할 내용 정리 후 메모지에 요약해 적기

2) 눈에 잘 띄는 곳에 붙여 보일 때마다 중얼거리며 외우기

3) 다 외워진 메모지는 노트에 옮겨 붙여 보관하기

4) 아직 외우지 못한 메모지는 밖에 붙여두고 다음 날 다시 보기

5) 메모지 노트는 시험 기간에 핵심 정리 노트로 활용하기

③ SR 공부법

1) 가벼운 마음으로 본문을 연필로 밑줄 치며 3회독

2) 주요 문장 및 키워드 형광펜으로 표시하며 2회독

3) 형광펜으로 표시한 주요 문장 및 키워드 위주로 빠르게 5회독

④ 단원 공부법

1) 시험 범위에 해당하는 대단원과 소단원 제목 적기

2) 단원별 키워드 제목 옆에 정리하기

3) 키워드별 출제 포인트 예상해서 기록하기

4) 관련 키워드를 엮어 술술 설명할 수 있는지 점검하기

⑤ 코넬 노트

– 제목 영역 : 단원명, 주제

– 필기 영역 : 수업 내용 중 중요한 내용 요약

– 단서 영역 : 필기 영역의 내용을 집약하는 핵심어

– 요약 영역 : 제목 영역에는 단원명과 주제를, 필기 영역에는 수업 내용 요약, 헷갈리는 개념 정리 등

⑥ 5분 타이머 공부법

1) 5분 타이머 설정 후 일단 공부 시작하기

2) 하기 싫어도 딱 5분만 하면 된다는 생각으로 집중하기

3) 타이머가 울리면 '공부를 미루지 않고 시작했다'라는 점 스스로 칭찬하기

4) '이왕 시작한 거 조금만 더 해보자'라는 마인드로 흐름 이어나가기

새학기 꿀팁! 학교생활 필수템

① 아코디언 파일(중요도 ★★★★☆)

수업 프린트 과목별로 나누어 보관, 인덱스 부분에 네임택으로 과목 이름 적어두기

② L자 파일(중요도 ★★★★★)

안내문 및 각종 서류 보관

③ 스테이플러(중요도 ★★★☆☆)

프린트 여러 장 하나로 묶어 보관, 필통에 들어가는 작은 사이즈 추천

④ 북엔드(중요도 ★★★☆☆)

사물함 내 교과서 및 노트 구분 및 정리, 책 훼손 및 휘어짐 방지

⑤ 탁상형 위클리 플래너(중요도 ★★★★★)

학교 일정 기록, 책상 위나 사물함에 두고 매일 확인

⑥ 무릎 담요(중요도 ★☆☆☆☆)

일교차가 클 때 컨디션 관리

수행평가 준비 꿀팁 총정리

✦ 주제 글쓰기

– 준비할 때 목차만 생각하지 말고 직접 글을 적어 적절한 구성과 내용 배치가 가능한지 확인하기

- 문단별 키워드를 확실히 외워 실전에서 전체 글이 기억나지 않을 경우 키워드만으로도 글을 이어서 적을 수 있게 연습하기

✦ 보고서 제출

- 보고서 주제를 정할 때는 수업 내용과 관련 있는지, 최신 동향을 반영한 주제인지 꼭 확인하기
- RISS, 디비피아 등에서 논문 및 학술 보고서를 찾거나 국가통계포털에서 필요한 통계 자료를 검색해 활용하기
- 보고서 제출 전 흐름 이상한 부분이나 오타 없는지 반드시 점검하기

✦ PPT 발표

- 자료 조사 → 발표 대본 작성 → 대본 내용을 PPT 각 페이지에 분배 → PPT 디자인 → 5번 이상 반복해서 연습 순서로 준비하기
- PPT 디자인은 검색창에 '(원하는 디자인 키워드) PPT 템플릿'으로 검색해 템플릿을 다운로드받거나 '미리캔버스' 사이트를 활용하기

✦ 찬반 토론

- 주제 관련 뉴스와 통계 자료를 반드시 조사하기
- 주장을 명확히 하되 반대 측 의견도 함께 정리해 존중한다는 자세로 참여하기

고대생 언니가 활용했던 인강/문제집 리스트

문학 개념 인강

단 1%만 아는 비밀(이투스 김민정 선생님), 개념의 나비효과(EBSi 윤혜정 선생님)

문학 개념서

문학 개념어 몽땅 벗기기(이투스북), 떠먹는 국어 문학(쏠티북스), 피램 생각의 전개 문학(오르비북스)

고전문학 작품 모음집

고전시가의 모든 것(꿈을 담는 틀)

수능 수학 개념서

수학의 바이블(이투스북), 한 권으로 완성하는 수학(시대인재북스)

수능 수학 유형서

마플시너지(희망에듀), 쎈(좋은책신사고)

수능 수학 기출 문제집

자이스토리(수경출판사), 너기출(이투스북)

수능 수학 고난도 문제집

4의 규칙(대성마이맥), 531 project Hyper(이투스북)

수능 영어 단어장

워드마스터 수능 2000, 워드마스터 하이퍼 2000(이투스북)

수능 영어 구문 분석서

천일문 시리즈(쎄듀)

수능 영어 기출 문제집

빠바 유형독해(능률교육), 마더텅 영어 독해, 마더텅 20분 미니 모의고사 영어 영역 (마더텅)

수능 영어 고난도 문제집

N기출 고난도 독해(미래엔에듀), 수능실감 독해 최우수문항 500제(쎄듀)

수능 과탐 기출 문제집

자이스토리 생명과학 I, 자이스토리 지구과학 I (수경출판사)

수능 과탐 고난도 스킬 강의

- 생명과학 I 자료 분석의 기술 (메가스터디 한종철 선생님)
- 지구과학 I 유형별 자료 분석 (메가스터디 오지훈 선생님)

수능 과탐 실전 모의고사

- 생명과학 I 철두철미 실전모의고사 (메가스터디 한종철 선생님)
- 생명과학 I 봉투 모의고사 (메가스터디 백호 선생님)

과목별 자체 시험 방법

– 국어

국어 작품 공부 → 지문 텍스트 인쇄 → 주제, 주요 표현 기법, 출제 포인트 등 스스로 작품에 대한 정리가 가능한지 점검하며 필기하기

– 수학

수학 소단원 마무리 → 문제집 소단원 평가 활용 또는 공부 자료 사이트에서 소단원 종합 문제 인쇄 → 목표 풀이 시간 및 정답률 설정

– 영어

영어 단어 암기 → 한글 가리고 단어만 보며 뜻 기억하는지 점검 → 못 외운 단어는 메모지에 옮겨 적어 눈에 잘 띄는 곳에 붙이기 → 동일한 방식으로 다음 날 다시 점검하기

시험 4주 전부터 시작하는 공부 핵심 요약

① 시험 3~4주 전

국어, 영어, 사회, 과학은 개념 공부

수학은 교과서 N회독 + 유형서 1회독

– 개념을 술술 설명할 수 있을 정도로

– 시험 범위 공지 전에도 '배운 데부터' 공부 시작하기

– 수학은 적어도 교과서 문제는 틀리지 않도록!

② 시험 2주 전

국어, 영어, 사회, 과학은 문제 풀이

수학은 유형서 오답 정리 + 고난도 대비

– 내신 시험용 문제집은 학교 시험과 비교하기(유형, 난이도)

– 새로운 문제 풀기보다 틀린 문제 바로 잡기

– 헷갈리는 개념은 바로바로 짚고 넘어가기

③ 시험 1주 전

주요 과목은 문제 오답 정리 + 실전 연습

기타 과목(예체능 등)은 핵심 암기

– 과목별 틀렸던 문제 체크

– 시험 현장과 비슷한 분위기, 시간 제한으로 연습하기

시험 전 일주일 상태별 계획

① 밀리지 않고 공부 계획을 잘 실천해왔다면?

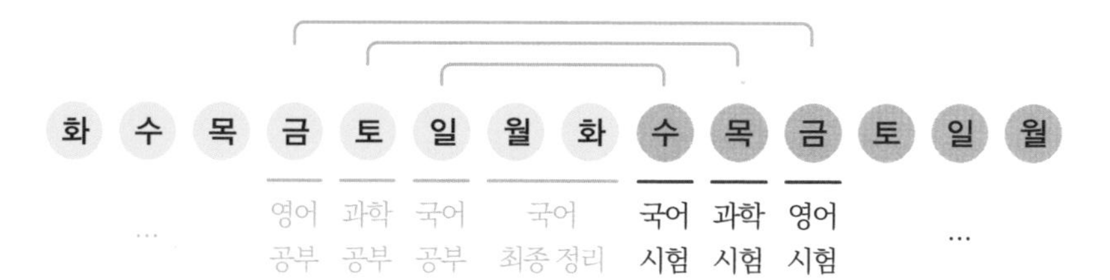

- 시험 시간표를 대칭으로 뒤집어 공부 계획 세우기
- 개념 점검, 오답 정리, 작년 기출 문제 연습까지 제대로 집중하기
- 시험 직전 이틀은 첫날 시험 보는 과목에 집중!

② 조금 밀려서 시험 범위를 아직 다 못 봤다면?

- 시험 범위를 다 못 보고 시험 치는 것만은 금물!
  일주일 동안 밀린 진도 반드시 마무리!
- 시험 직전 이틀은 첫날 시험보는 과목에 집중!

③ 아무 것도 안 하다가 이제야 정신이 든다면?

화	수	목	금	토	일	월	화	수	목	금	토	일	월
역사 교과서		국어 교과서		사회 교과서		수요일 시험 과목 교과서 공부		실제 시험 기간					

– 뭐라도 해보겠다는 마인드로 일주일 보내기

– 재미있게 공부할 수 있는 과목 3개만 정해서 교과서와 수업 프린트만 파기!

시험 전날 꼭 지켜야 할 루틴

① 교과서 빠르게 훑기

☐ 다음 날 시험 볼 과목의 개념은 무조건 한 번 더 정리하기 : 시험 전에는 여러 과목을 한 번에 공부하기 때문에 헷갈릴 수 있음!

☐ 교과서와 수업 프린트만 보기 : 자습서나 문제집 말고, 핵심 포인트를 이해하고 외웠는지 점검하기

☐ 완벽하지 않은 개념은 따로 적어서 시험 직전까지 반복 또 반복!

② 오답 정복하기

☐ 새로운 문제는 풀지 않기 : 틀렸던 문제만 골라서 다시 한 번 풀기

☐ 답이 아닌 풀이 과정을 제대로 알고 있는지 확인하기

☐ 또 틀려도 당황하지 말고 집중해서 보기

③ 내일 볼 자료 고르기

☐ 시험 직전에 볼 자료 챙기기 : 개념 필기 노트, 오답 정리 노트 등

☐ 과목별 추천 자료

국어/영어 : 필기되어 있는 지문

수학 : 여러 번 틀린 약점 문제

암기과목 : 수업 프린트(빈칸 위주로!)

④ 컨디션 조절하기

☐ 밤샘 공부는 금물 : 일찍 자고 일찍 일어나기

☐ 침대에 누워서 스마트폰 금지

☐ 잠이 안 와도 잘 시간 되면 눈 감고 쉬기

더 이상 상황을 바꿀 수 없을 때
우리는 스스로를 변화시켜야 한다.

- 빅터 프랭클